天下文化
BELIEVE IN READING

蔡其昌的故鄉再發現

蔡其昌、瞿欣怡／著

自序 Preface

獻給天上的父親，以及滋養我的故鄉

二〇一九年，我的第一本書《後背包的初心》出版時，我就已經在腦海裡企劃這一本書。

《後背包的初心》書寫了我的生命經驗和人生觀，它帶領我深度回顧自己的生命歷程。我把還記得的往事，趕緊寫下來；那些遺忘了的，我一一詢問當時共同參與的友伴，平靜的記憶長河被攪動，在心底緩緩地流動。

一旦記憶長河被攪動，就很難停下來。那些刻骨銘心，和斷簡殘篇的回憶，不斷湧現，不可收拾，《日日台中款——蔡其昌的故鄉再發現》就是在這樣的情感波動下，孕育而生。

我跟台中緣分很深。我在台中清水出生長大，清水國小、沙鹿國中、清水高中，都在海線；考大學時，我一心想遠離家鄉，飛往遙遠的地方自由自在；沒想到，我考上台中市區的東海大學，研究所是另一個遠離的機會，我還是考進東海歷史研究所；就連當兵抽籤，都抽中台中太平竹仔坑營區。

好不容易離開校園，步入社會，我依然離不開台中。我的兼職教職，在台中靜宜大學；第一份正式工作，在位於豐原的台中縣政府，我在那裡住了五年；後來競選台中的立法委員，選了五屆。

我命中註定要留在台中，跟台中纏綿悱惻，白頭到老。

我在台中這五十幾年來，走遍每一個角落，我的喜怒哀樂在這裡，吃喝玩樂也在這裡。清水夜市的小吃，不只好吃，還充滿爸爸的味道，爸爸牽著年幼的我，吃遍夜市美食；豐原的燒酒雞，不只香氣迷人、酒氣醉人，它還有我青春革命的嗆辣滋味；外地人最愛的綠園道很美，但我覺得很甜，因為我第一次牽起太太的手，就是在綠園道。

無數的回憶，隨著歲月流逝，不經意地烙印在台中的某些角落。留下的或許是味覺，或許是視覺，儘管短暫被遺忘，但總會有那麼一天，透過五感，我們會再次與記憶相遇，這就是故鄉的魅力，是靈魂的所在。

這本書的寫作過程中，最常讓我想起的，是我的爸爸。原來有那麼多被我遺忘的美好記憶，都是與爸爸一起渡過。原來，那些美食裡最難忘懷的滋味，是爸爸用愛調理出來的。

想念，在天上的爸爸……。

目錄
Contents

獨一無二的
TAICHUNG
台中訂製款

CHAPTER

1

清水紫雲巖 廟旁長大的孩子

我是在廟旁長大的孩子，我家緊靠著清水紫雲巖。紫雲巖是清水祭祀的重心，廟宇的一切，從文化、飲食、商業、聲音，甚至氣味，都對我有很深的影響。

請遵行方向

南北管，是童年的背景音樂

紫雲巖主祀觀世音菩薩，慈祥和藹的觀音媽，照看著清水的每一個人，也照看小小的我。宗教與節氣，是我們的日常，除夕夜子時會關廟門，子時過後會開廟門，意味著新年到了；元宵花燈過後，就是觀音媽生日，熱鬧不斷；到了中元普渡，廟前擺滿祭祀品，孩子們在其中穿梭玩耍，也要小心各種禁忌，免得闖禍。

偌大的廟宇是我童年最大的遊樂場。除了每年必參加的寫生比賽，元宵節還會參加花燈比賽，有一次在父親的協助下，我還得獎了。神桌下、後花園都有屬於孩子的祕密基地，或許在你參拜的路徑上，一個不容易被注意的角落，有我童年時期遺落的彈珠也說不定。

很多進香團會來紫雲巖進香，鞭炮聲連天。現在很多人聽到鞭炮就去檢舉，說睡不著，對我們來說完全不是問題。鞭炮聲就像牆頭的鳥叫聲，也像冬天北風吹打窗戶，是原本就該在那裡的，生活的聲音。

都市孩子陌生的南管北管，也是我的日常。在清朝光緒年間創立的「同樂軒」，常在廟口練習；阿媽在南管清雅樂府裡彈琵琶，每天晚上都去廟裡的教室練習，我偶爾會陪阿媽一起去。南管北管就像是我生命的背景音樂，無論何時何地聽到，都會馬上回到童年，尤其是聽到南管樂音，就會想起阿媽。這跟其他孩子很不一樣，他們童年的背景音樂應該是「無敵鐵金剛」吧。

現在很多人會特別去看陣頭、家將，那也是我的日常風景。千里眼每天在我家門口晃，八家將也常常經過。酬神的布袋戲、歌仔戲也很多，常常放學回家的路上，就會看到戲台。歌仔戲對孩子的吸引力比較小，可是只要有布袋戲，我還是會忍不

紫雲巖的正殿為二層樓建築，主祀觀世音菩薩，華麗繁複的斗拱結構，散發獨特的台灣民俗之美。

住停下來看。酬神是好事，只要廟前有唱戲，就是有喜樂的事情發生，我在家寫功課時聽到，內心都會特別平靜，世界和平大約就是如此了吧。

01 我與父母、妹妹的合照，記錄我已遺忘的珍貴瞬間。

02 民國五十六年清水壽天宮媽祖誕辰，祖母參與的清雅樂府登台演奏攝影留念。

觀音媽生日，最歡喜的節日

小時候最大的節日，除了過年，就是觀音媽生日，這是紫雲巖的大事，整個清水都會動起來。

平靜的廟埕，來了各種小販，有糖葫蘆、打香腸，也有小孩子為之瘋狂的撈金魚、打彈珠、射飛鏢，廟口一定會有布袋戲跟歌仔戲搬演不停，簡直就是嘉年華，我們在熱鬧裡穿梭，快樂得不得了。

最期待的還是家裡的「辦桌」，很久沒見的親戚朋友都會來「幫觀音媽過生日」，家裡像辦喜事一樣，客廳所有東西都要移走，擺上圓桌，客人笑咪咪地來了，就等總鋪師擺滿整桌好料，除了我不敢吃的大封（肥肉），每一道菜我都好喜歡，好好吃啊！

親友歡聚的笑聲、廟埕布袋戲的金光閃閃、南北管的熱鬧、一陣又一陣的鞭炮聲，就是我的廟宇回憶。被觀音媽眷顧的人們如此快樂、滿足。

熱鬧散了，誘人的夜市小吃走了，尋常的小販還在。現在火紅的廟前「阿婆粉圓」是新的，我們小時候還沒有，當時是一個阿姨推著推車來賣，那是交通部前部長蔡堆先生的媽媽。推車就停在我家門口，小小的粉圓又甜又香，每個小孩都喜歡。

另一個讓小孩開心的是麥芽糖小販，一台腳踏車載上全部家當，用蘆筍汁的空罐頭，和一片鐵片，弄得啪啪響，小孩一聽就知道：「麥芽糖來了！」腳踏車後座的木箱裡，裝的就是讓我們流口水的麥芽糖，我們最常買的，是用竹籤的麥芽糖，比較便宜，表現好時拿到較多零用錢，才有錢買用餅乾夾的麥芽糖。

還有讓人懷念的豆花阿伯。以前的豆花像豆腐，不光亮，卻很綿密，配料只有花生、薑汁。豆花伯只賣晚上，九點過後才會出現，深夜的小鎮，廟口的南北管樂音已經歇止，大人小孩都準備上床睡

紫雲巖的觀音佛祖誕辰廟會活動。（吳長錕提供）

覺，連神明都睏了吧，安靜的小鎮，豆花伯的叫賣聲格外清晰。

生命苦楚，做個有信仰的人

在我知道觀音媽的故事前，就已經跟著大人拿香拜拜，心中已經有信仰。至於更深刻的知識，是念了歷史系之後才慢慢回頭理解，宗教究竟是什麼。

我從小就是個「相信」的人，我相信不論人再怎麼厲害，都是有限的。要成功，一定要努力。但是，努力不一定會成功，有一種無形的力量在促成這一切，這不是迷信，而是一種「理解」，明白「萬緣俱集，萬緣俱滅」。

人生是一趟修行的旅程。人生而在世，有很多身分，人生的過程就是把這些責任做好。做個孝順的兒子、顧家的爸爸、稱職的工作者，問心無愧地努力。能夠把自己的角色扮演好，就是很不錯的人生了。

如果每一個人都把自己的角色做好，世界不就會很完美嗎？

比如我作為民意代表，就該認真盡責為民服務，努力讓國家更好，不辜負選民的選票跟期待。當然會遇到挫折、失敗，也會被罵，但是，這些苦難也很好，讓我們有機會反省到底哪裡不夠好？苦難與挫折，是修行的過程。

信仰也分很多層次。拜佛祖，希望得到保佑，那是第一層。就像小時候拜拜，會準備很多祭品，有很多禮儀。外在的儀式，都是為了增加神明的莊嚴感，強化信仰者的信心，人們確實可以依靠這些儀式，得到安慰。

我也曾經很在意儀式，對宗教理解更深後，我只要雙手合十，就可以跟神明相通。從信仰中得到力量，無所畏懼地把人生的責任盡了，這是更深刻的，信仰的意義。

宗教真的是一層又一層的追尋，我們會修行，直到閉上眼的那一刻。千絲萬縷的人際連結，也是修行，能不能有智慧地把千絲萬縷都理好、安頓好？

有很長一段時間，我會去跟神明說話，訴說我的苦楚，那些靠自己無法解決的困局，小時候可以跟爸爸媽媽講，長大了只能跟神明說。我總是相信並且期盼神明可以保佑我。後來我發現人必須先盡了全力，才能依靠神明。而神明所做的安排，就是最好的安排。

我爸爸生病時，西醫能用的藥都用了，中醫也盡力了，爸爸的意識卻愈來愈不清晰，看著曾經強大的爸爸陷入昏迷，我無力而焦慮。我真的不知道該怎麼做，才是最好的，我就想到去寺廟裡跟神明說話。

我那天到惠中寺裡，其實也已經不是為了求神，而是想找寺裡的覺居師父討論萬一父親走了，該怎麼處理。師父什麼都不問，叫我先去點香，我一到神明面前，心就定了。我對神明說：「你的智慧跟力量都比我強大，你一定會為我父親做一個最好的安排。」

生命的苦楚，是一生追尋的課題，我只能靜默佇立，誠心祈求智慧頓開。

我最喜歡的佛經是《金剛經》，這是一本探討哲學與生命的大作，很難讀，每年重讀都會有不同的理解。「應無所住，而生其心」是我的座右銘，還特別請書畫大師林章湖教授刻了印章，時時提醒自己。

做民意代表後，我也會因為工作，代表我的官職與機構，去廟裡帶領大家一起拜拜。那些時刻我祈求的都是「國泰民安，風調雨順，安居樂業」，聽起來很老派，卻很重要，還有什麼比國家安定，人民能好好生活更重要呢？

家中珍藏著幼時和父親合影的泛黃老照片。

清水的旅遊指南

紫雲巖

紫雲巖是清水的宗教中心，供奉著觀世音菩薩。台灣西部沿海供奉的多是媽祖，紫雲巖卻供奉了觀世音菩薩。故事得從清朝康熙年間說起。

當時有名瓦匠，路過紫雲巖一帶，因為內急，不得不找個地方解決，又怕對隨身帶著的觀音香火袋不恭敬，於是便找個樹梢掛起來。內急解決，他無礙一身輕地走了，把香火袋給忘了。夜晚時分，香火袋竟然發光，當地人視為神蹟，紛紛膜拜。只要朝香火袋膜拜，願望都能達成，非常靈驗，連外地人都來朝聖。人們商議建廟，這便是紫雲巖歷史的由來。

至於正確的建廟時間，在《海線散步——清水人文地誌學》裡有記載。乾隆年間，泉州商人蒲文良來台經商，回福建的船行上，遇上風浪，沒頂之際，想起紫雲

紫雲巖位於鰲峰山西麓，三百多年來香火鼎盛，為清水最重要的信仰中心。

巖的觀世音菩薩很靈驗，便跪地祈求。突然，海上出現白衣女子，沒多久，風浪平息。為了感謝觀世音菩薩的恩德，他決定留在台灣，捐資建廟，紫雲巖在乾隆十五年建廟完成。這可不是亂編的故事，紫雲巖裡還供奉著「檀越主蒲諱文良元辰星君福垣」的牌位。

而紫雲巖的清淨，更勝其他廟宇。因為在地的志工與信眾會在大殿誦經，讓安詳的空間更顯清淨，對清水人來說，紫雲巖是宗教中心，也是尋求慰藉的地方。無論離家多遠，遇到多少挫折。祂不只是一尊佛像，更像是離家孩子的母親，是永恆的守護。

來到清水，不妨去紫雲巖找觀音媽，求個平安，平安是最大的福氣。求完了，還可以到廟口阿婆粉圓吃碗冰涼的綠豆粉圓冰，心安頓，口腹安頓，多有福氣。

DATA

紫雲巖

地址：台中市清水區大街路 206 號

電話：04 2623 5500

樹下阿婆粉圓

紫雲巖是台中最大的觀音廟，朝聖進香的人絡繹不絕。跟一般的廟口小吃不同，紫雲巖並沒有太多廟前小吃，但大樹下的阿婆粉圓冰卻爆紅，或許是觀音加持，加上天熱參拜口乾舌燥，來碗涼的再好不過！

阿婆粉圓冰的粉圓是小顆的白粉圓，很有嚼勁，配上軟韌的甜蜜粉粿，嗜甜的人還可以請老闆淋上一匙綠豆，實在過癮。

來紫雲巖拜拜，千萬要來一杯粉圓冰，不然行程就不完整。進廟參拜，心靈被療癒；吃碗阿婆粉圓，口腹被寵愛。

樹下阿婆粉圓
（可任選 1～3 種配料）
30 元

DATE

樹下阿婆粉圓
地址：台中市清水區大街路 206 號

園區內有「探索遊樂場」、「競技體驗遊樂場」兩座遊樂場，不只深受民眾青睞，更獲得媒體的肯定與好評。

鰲峰山

歷史比廟宇還久的，是鰲峰山。考古學家根據鰲峰山半山腰發現的出土遺跡，判定那是四千五百年前的史前遺跡，沿用清水舊名，被稱為「牛罵頭文化」。

鰲峰山一直是清水孩子的遊樂場。以前這裡是座荒山，孩子們在山裡亂跑亂玩，成群結隊去「鬼洞」探險。「鬼洞」是日本人留下來的防空洞，裡面有寢室、廚房、儲水槽、阻擊區、機槍堡等等，透過機槍堡的觀測孔，還可以看見遠處的高美海岸，是絕佳的防守區。孩子們進鬼洞探險，一有風吹草動，就大喊：「有鬼啊！」成群衝出洞外，

DATE

鰲峰山運動公園
地址：台中市清水區鰲海路 100 號

拖鞋掉了都不敢撿，逃命重要。這無聊的探險把戲，山邊的小孩百玩不膩，每隔幾天總要拉幾個膽子大的，繼續探險。聽說日本人把金子藏在鬼洞裡，如果真的找到，不就發財了嗎？

蔡其昌當民意代表後努力爭取，加上胡志強市長和張清堂議長的支持，現在的鰲峰山不一樣了，不只有觀景步道、親鳥步道、陽光草坪、音樂廣場，還有全亞洲最專業的自由車場。更厲害的是被知名媒體譽為「全台最夯遊戲場」的親子公園。

園區有兩座遊樂場，「探索遊樂場」跟「競技體驗遊樂場」。最狂的是從德國引進的「星際蟲洞」，高二・九公尺，用防曬防鏽的不鏽鋼材質製作，有溜滑梯，還有不同難度的挑戰，大小孩子搶著玩；「極限飛輪」得有平衡感才站得住，連大人也不一定能成功；「部落格子」仿照3D岩石，像攀岩，訓練臂力也訓練腿力，得手腳並用才能「攻頂」；「蜘蛛遊戲場」的中心，就是讓小孩樂翻天的沙坑。難度超高的「跑酷遊戲區」，足以讓孩子玩整個下午。

如果不想挑戰體能，可以玩「鳥巢鞦韆」，輕鬆愉快地盪鞦韆，還有中空的圓錐體，讓玩累的孩子可以躲在圓錐裡喘口氣，當成祕密基地。

每到週末下午，整座鰲峰山都迴盪著孩子的笑聲，免費、安全，又極具挑戰性的遊樂設施，讓父母們不遠千里，帶孩子來放電。

鰲峰山觀景平台不輸海外旅遊勝地的絕美夜景，是民眾的最愛。（iStock 提供）

情侶想約會，也可以來鰲峰山，步道很好走，「鰲峰山觀景平台」更是欣賞夕陽跟夜景最棒的地點，可以遠眺台中港跟高美濕地。

喔，對了，鬼洞也還開著，現在加裝了LED燈，會隨著時間變化顏色，更加詭異。溫馨小提醒，下午三點之後就別去鬼洞玩了，因為當地人謠傳：「三點以後，鬼會跑出來喔！」

很久很久以後，久到我們都不在的以後，鬼洞的故事還會繼續流傳，未來的人也會用考古的眼光，看今日的運動公園，未來的考古學家應該會說：「台中的孩子真幸福，遊樂場真好玩。」

清水國小

在清水，可能一個家族好幾代人都從清水國小畢業。這話不誇張，從日治時期建立的清水國小，自一八九七年啟用，建校超過一二五年，孕育清水好幾代人，出過許多偉大的人物，包括日治時期台灣文化協會的蔡惠如，實業家楊肇嘉、創辦慈濟的證嚴法師、領導聯華電子的曹興誠，以及立法院副院長蔡其昌。

清水國小是台灣第一座古蹟小學，校舍的紅磚牆、腳踩的水泥地、頭頂上的綠色天棚、穿廊的白色列柱、教室的綠色木窗，甚至配合小朋友高度的磨石子洗手台，每一個物件，每一塊磚石，都被無數的小朋友撫摸碰觸過，收藏了一百年的笑聲與故事。

走在清水國小，連吹過的風都不一樣，因為風是從百年老樹的樹梢吹來的，老樹與紅磚牆一樣穩固，守護著每一個孩子。

清水國小真的是被守護的小學啊。在建校之初，原本是使用清朝文昌祠的東廂，新校舍興建時，地方正好邀請了日本最流行的「天勝大馬戲團」來演出，演出地點就是清水國小剛填好的校地，整個清水，甚至鄰近城鎮的人都來看馬戲表演，校地正好被壓實，省了一番功夫。

新校舍在一九三五年三月落成，不到一個月就發生「新竹－台中大地震」清水受

01

災嚴重，校舍卻穩固如山，可見日本人施工之嚴謹，也唯有如此，校舍才能傳承上百年。

學校的大講堂，可容納五百人。講堂內部的藝術假樑、格子天花板，以及講台前方的拱形帶狀浮雕、壁面的浮雕裝飾壁龕，都是古蹟，見證了八十七屆孩子的畢業典禮。

走過大講堂，穿過小走道，會來到日式宿舍群。這裡是和洋折衷的建築，經過重修，已經恢復昔日模樣，並改為「清水國小藝文園區」，除了有楊肇嘉紀念館外，還設立了「陽光書屋」、「音樂聚

DATE

清水國小
地址：台中市清水區光華路 125 號
電話：04 2622 2004

02

03

01　清水國小建校超過 125 年，蔡其昌和阿公、爸爸都曾經在這片土地上踩踏過。
02　日式宿舍群經修復變身美麗的藝文園區，敞亮的陽光書屋讓學童得以盡情享受閱讀的樂趣。
03　完整保存的日式宿舍群，平時也做為藝文與音樂教室使用。

落」、「地板劇場」，成為孩子們的閱讀空間和才藝教室。

最特別的是閱讀教室，因為清水國小的制服跟櫻桃小丸子撞衫，而櫻桃小丸子故事的場景，就在日本靜岡的清水市，美好的巧合，讓兩個清水市的小學有了交流，閱讀室裡也收藏了整套的《櫻桃小丸子》。

下課時間，孩子們在操場玩耍，在穿廊奔跑吵鬧。變動的世界裡，總還有什麼是不變的，校舍、老樹都還在，孩子的笑聲也從未止歇，真好。

豬油咖啡與閱讀

清水是個很內斂的海邊小鎮，這裡的人習慣看天吃飯，海風讓他們變得強韌，也讓他們樸實。清水的好，不是耀眼浮誇，也不追求數大，清水人有海口的樸實，清水人的品味，深刻而內斂。

比如肉圓仔吧，看起來很小巧簡單，卻把糯米的軟嫩、絞肉的鮮味，發揮到極致，做出一小碗肉圓仔湯。又或者清水米

店內一角以廢棄不用的老舊冰箱做陳列空間，展現了店家的創意與巧思。

糕，沒有太多浮誇的配料，糯米飯對了，淋醬滷得夠味，就成為名聞全台的小吃。

清水鎮上有間咖啡館，「豬油咖啡與閱讀」，同樣樸素卻深刻。它沒有網紅打卡名店的時尚浮誇，也沒有擺出文青姿態，它就是很樸素地在鄰近火車站的街市上，一不小心就會錯過。

豬油咖啡不賣時興的精品咖啡，而是賣「義式咖啡」，老闆林祐賢的定義是：用義大利的機器、義大利的煮法，煮義大利的咖啡豆。

很多人以為義式的濃縮咖啡（Espresso）咖啡因很濃，其實，經過蒸煮，它的油脂豐厚、尾韻很強，咖啡因卻比其他煮法來得低。義式咖啡像點心，以Espresso為基底，調出各種花式咖啡，讓人眼花撩亂，就像義大利料理一樣，充滿趣味、創意，以及美味。

濃縮咖啡配上鮮奶油是基本款，康寶藍，小小一杯，先是苦味，後是奶油的甜味，後勁很強，是入門學習款。

喜歡蒐集各式戳章的朋友，別錯過這個可愛的角落。

店裡還有的花式咖啡像是Agrumito，飲料的部分是用柳橙汁、鮮奶油、果肉，以及濃縮咖啡調配，另外還會放果乾、巧克力豆，最後在奶油上面插一片小餅乾，根本是份超可愛甜點！

豬油咖啡與閱讀也有很多老闆娘的藏書，不賣的，只給看。包括有一整套娥蘇拉．勒瑰恩的「地海系列」、得獎無數的《背離親緣》，甚至有芥川獎得主李琴峰的《獨舞》和《倒數五秒月牙》，選書品味不輸給咖啡。

豬油咖啡與閱讀還有個不可打破的規矩：「不給外帶紙杯。」若真要外帶，店裡有租用環保杯，押金三十元，回來還杯子時，

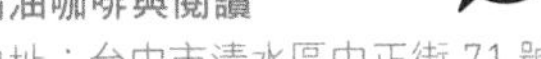

豬油咖啡與閱讀

地址：台中市清水區中正街 71 號

Agrumito
130 元

康寶藍
70 元

押金也會退還。老闆林祐賢解釋：「我不想為了做生意犧牲環保，不用紙杯是最基本的。押金三十元是不便宜，卻會讓租用的人珍惜，如果一個杯子只租十元，他們可能隨手又扔了。」曾經有客人不想租環保杯，到附近的便利商店要了紙杯拿來，林祐賢照樣不賣。在店家懼怕負評，不得不討好客人的現世，還能有這樣的堅持，又酷又帥！

對了，差點忘了說，林祐賢曾經得過台灣義式咖啡比賽冠軍喔，但他不張揚，他酷酷地說：「我不希望客人因為冠軍頭銜而來，既然來了，好好喝杯咖啡就夠了。」

清水給人許多驚喜，清水的孩子們在古蹟裡讀書，清水的年輕人回到故鄉，開了間這麼有態度的咖啡館，還是台灣冠軍。誰敢小看清水？

海灣繪本館

　　在港區藝文中心對面，有個老舊眷村群，其中有一棟海灣繪本館，裡面的人形容自己是：「海灣裡，一群愛唱歌的大翅鯨。」

　　順著田埂走，稻田旁會看到一棟熱鬧的大房子，敞開的大門裡，是一片大院子，院子裡有芭蕉、龍眼，還有一棵好大好大的土芒果樹，芒果成熟的季節，小小的綠色土芒果會掉下來，「咚——」打到樹下玩耍的孩子。幸好芒果軟軟的，不痛，但是有點好笑，大人小孩都笑彎了腰。走進屋子前，會先看到牆壁上巨大的壁畫，是著名畫家林宛姿所畫，一隻巨大的鯨魚在大海翻騰，背上有間書屋，就是「海灣繪本館」。

這是一間充滿愛與夢想的繪本館。成立的起心動念很簡單，一群在地的年輕人，想帶著孩子讀書，繪本價錢不便宜，舒適的閱讀空間更難得，那就做一間「繪本館」，讓孩子可以盡情地想像吧！怎麼開始？那就找蔡其昌吧！蔡其昌一口答應，並開始用立法院副院長的頭銜和資源為台中的孩子做事。

繪本館每年都有幾次的主題展，講述土地、環境，甚至二二八的故事。透過一次又一次的主題閱讀，讓父母跟孩子對土地有更深的反思，進而去珍惜台灣擁有的一切。

「小幸運主題展」以《水雉的浮葉》為主，帶領孩子思辨「環保」與「開發」。書裡的故事講述當高鐵開發時，會經過一片水草地，摧毀浮葉，可是水雉必須棲息在浮葉上，究竟是人類的交通比較重要？還是水雉的生存重要？能不能找到兩全其美的方法？

如果閱讀繪本是靜態的，那麼活化破舊的眷村，讓這裡重新有人味、有笑聲，就是海灣繪本館最巨大的行動。繪本館的房舍，本來是眷村老屋，這裡已然荒蕪。重建時，執行長蔡采縈甚至從清水山上搬找屋瓦來修補屋頂。

蔡采縈笑著說：「我是清水人、館長玉米辰是沙鹿人，最大的支持者蔡其昌副院長也是清水人，我們要證明留在在地，也可以有好出路。現在來繪本館的人，不再只是鄰居而已，台中市的人，甚至台北來的觀光客，都會來繪本館聽故事。我們是偏鄉，卻可以聚集人潮！」

做繪本館，也曾經被當地人質疑：「你們又不是政府，弄什麼繪本館！很難生存啦。」五年來，故事媽媽們一個接著一個生了孩子，這些小孩從零歲就玩在一起，家庭間的關係也很緊密，繪本館就是他們的家，這不就是眷村的意義嗎？不是只有人與人的聯繫，而是家庭與家庭的繫絆。

哪怕繪本館已經成立五年，蔡采縈講起成立的過程，眼睛依然閃閃發光，夢想實現的眼神，就是如此。她說：「我們就是一群在地人，想要為這片土地做些什麼，想要讓大家以清水為榮，以台灣為榮。」

平日裡，大院子裡是繪本館孩子的笑聲。每到週末或每一季的市集日，附近的居民，遠道的朋友也來了，繪本館張燈結彩，老眷村失去的活力，又回來了。

DATA

海灣繪本館
地址：台中市清水區中社路 54 號
電話：04 2628 1512

01

02

01　改建自眷村老宅的海灣繪本館，迄今（2022）已創立滿五週年。（海灣繪本館提供）
02　繪本館的老師帶領孩子用隨手可得的工具，創造出盛開的玫瑰。（海灣繪本館提供）

我的台中
TAICHUNG
青春紀事

CHAPTER

2

記憶的清水 是我的全世界

清水是個靠海的小鎮，又是「風頭水尾」，被海風吹打，卻是水圳灌溉的最尾端，本該是悽苦之地，勤樸的清水人，卻展現得堅強、勇敢，有現實感。我們或許不是最華麗的小鎮，但我們內蘊深厚，務實而勤奮。

二年甲班

清水米糕，是全世界最好吃的

清水人口八萬多，十年前，清水還是海線第一大區域，可是所有的連鎖店都是在別處開完了，才來清水。麥當勞來得最晚，連星巴克都是前陣子才開幕。清水不是窮，我們只是相對保守。

清水人的財富不外顯，很會藏富，很怕別人知道我們有錢，清水人看起來很樸素，其實都是銀行的存款大戶，我們不愛花錢，有錢都存起來。

清水人不張揚，文風鼎盛。清水的孩子在百年古蹟裡上課，清水出過楊肇嘉、證嚴法師、朱經武，甚至連傳奇義賊廖添丁都是我們清水人。

這種樸素也展現在食物上。清水人光是用「米」，就做出許多好吃的食物。清水米糕是全台灣最有名的，完全展現了糯米的香氣，只要米夠好，蒸出來的糯米Q彈又帶軟糯，淋上簡單的肉燥，就好吃得不得了。我小時候吃米糕，喜歡一上桌就攪開，讓米粒沾到肉燥的香味；長大後我反而不再攪開，而是先吃沒有沾醬的白糯

名氣同樣響亮的阿財米糕。

01

02

清水米糕全台馳名，糯米口感既Q彈又軟糯，搭配滷汁恰到好處。

01 清水人早餐吃的燒炸粿，無論蚵炸、肉炸都是現包現炸，店家手腳俐落明快。

02 裹上粉漿後下鍋油炸，散發著清水人記憶裡的香氣。

米，蒸過的米怎麼能這麼香呢？

吃清水米糕要配肉羹湯，清水的肉羹湯是不勾芡的，清湯裡只有蘿蔔絲和瘦肉，很清爽。我第一次在外地吃「香菇肉羹」，發現他們竟然勾芡，而且還有香菇等一堆料，嚇一跳，後來才搞懂，原來奇怪的是清水，台灣人所指的「肉羹湯」，都是勾芡過的。

我們早餐吃的燒炸粿，是糯米跟芋頭揉製成的；甜粿就是糯米加白糖。清水市場裡有一家米苔目，是加糖水的甜米苔目，碗裡只有米苔目、糖水，就這麼簡單，可是好吃得不得了，可以吃到米的原味跟Q彈，愈簡單，愈不容易啊。我小時候不愛米苔目，覺得單調無聊，不如來碗八寶冰，吃牛排也喜歡淋很多醬料，長大後才發現簡單的美好，糖水加米苔目、鹽巴沾牛排，就非常好吃。

我們清水的乾麵也很特別，黃麵條水煮後淋上醬料，開吃前還要再淋東泉辣椒醬。麵條加東泉辣椒醬，簡直是絕配，就像一對戀人。只不過，對台中人來說，東泉辣椒醬配什麼都好吃，我們都開玩笑說東泉辣椒醬的「戀人」很多。

清水還有好吃的「白頭蔡」肉圓，騎樓下擺幾張小板凳，先去先贏，不管你是高官還是小孩，排成一排坐在板凳上吃肉圓。後來他搬家了，明明有店面，還是很踐，店裡沒有桌子椅子，照樣讓客人坐在小板凳上吃肉圓，太晚去還是沒得吃。

清水市場的紅豆餅，則是全台灣最好吃的。我喜歡的紅豆餅餅皮要薄，太厚就像發粿，口感不對。餅皮要像餅乾一樣焦脆，內餡飽滿，這樣才好吃。

清水的食物，都與我的生命記憶緊緊相連。比如市場裡的紅豆餅，當時的老闆是妹妹同學的爸爸，她一放學就會去菜市場幫忙，只要想到紅豆餅，就想到那個女孩幫忙收錢找錢的畫面。

烤烏魚子，是新年的氣味

另一個童年的氣味，跟過年有關。我們是大家族，爸爸要求我們早上起床，要先去跟阿公、阿媽問好，道聲早安；吃飯時也要先去請阿公上桌，除非阿公叫我們先吃，否則孩子們不可以比阿公更早吃飯，不只如此，還得去請工廠的師傅來吃飯，孩子永遠最後上桌。

在大家族長大，雖然有很多規矩，卻帶來更多看不見的優點。我是長孫，從小被要求得更多。跟這麼多人共居，我學會「察言觀色」、「趨吉避凶」，很會避開口角、增進感情，凝聚團體的力量。

父親要求我們對長輩尊敬，要有規矩，也在無形中教導我謙虛、有禮，不過度放大自己，不可任性妄為。更重要的是，因為身邊無時無刻都有兄長姐妹，我很習慣「團隊作戰」，也喜歡呼朋引伴。我太太常常抱怨：「明明是家庭聚餐，為什麼還要找同事來，變成大聯誼？」哎，這真是我從小養成的習慣哪，吃飯玩樂，總是會招呼很多人一起來。

傳統大家族的過年也很熱鬧，很厚工。從年前大掃除小孩們就開始期待，平常叫我們打掃，都很不情願，想草草了事，可是過年不一樣，要為新年做最好的裝扮啊！先將磨石子的地板洗乾淨，接著地板打蠟，濃濃的蠟味跟新年混雜在一起。嗯！這是過年的味道。

除夕夜的下午則是烤「烏魚子」上場，烏魚子價格高，平時不容易吃到，所以這道菜是特別日子才有的。下午三點，爸爸會在屋簷下起一個炭爐，把烏魚子放上去，用切半的蒜抹一些五加皮酒，塗抹在金亮的烏魚子上，一片一片慢慢烤，整間屋子都是烏魚子的香氣，這是年夜飯的前奏，是交響樂的序曲。

吃完年夜飯小孩們開始騷動，不斷詢問大人，今年的紅包有加碼嗎？然後期待阿公趕快吃飽飯，阿公從餐桌一起身，大家立刻排好隊，等待阿公的大紅包，接著是爸爸、伯叔們。每個孩子洋溢著滿足的笑容，因為大家荷包滿滿。

除夕夜是過年的前菜，大年初一則是主菜上場，廟口前熱鬧滾滾，吃的、喝的、

清水夜市裡的老牌忠羊肉。

玩的目不暇給；大年初二，固定陪媽媽回娘家，外公、外婆也會準備豐盛的餐點，和對孫子滿滿的寵溺。回外婆家像極了餐後的甜點，雖然美味，但也表示盛宴即將結束。開學日倒數計時了，真難過。

炒羊肉，是大人的味道

另一個有我生命印記的是小小的清水夜市。對外地人來說，清水夜市是尋找美味食物的地方，對我來說，卻有著很深的情懷。那裡有我跟父親最親密的回憶。

我們老家是做嬰兒服飾工廠，媽媽一大早起床，忙完家務，煮好給阿公、阿媽和家人吃的早餐後，就要急忙到工廠幫忙；爸爸負責業務，帶著衣服跑遍台灣的零售商、百貨行，拜託人家下單，同時也會蒐集店家的意見，帶回工廠跟師傅討論，研發創新款式。

爸爸老是不在家，就算沒有出差，也都談生意談到深夜，他回家時，我們已經睡了，等我們起床準備上學，爸爸還在休息。總覺得爸爸很忙，尊敬但少了親暱。

爸爸在家的日子很少，但對我們的要求非常嚴格，他不在意學業成績，卻很在意我們的生活態度，不能賴床、不能懶惰、要幫忙打掃、要對人有禮貌、衣服要穿好、指甲要乾淨……。爸爸在意的，都是最瑣碎，卻最重要的。爸爸不會因為成績不好打我們，因為老師在學校已經打過，可是沒禮貌被爸爸發現，就要挨打。爸爸很少生氣，一生氣那是天塌下來了。

爸爸另一個要求是「做家務」。他週末難得在家，我們就苦了，爸爸堅持就算是假日，小孩也一定要八點起床。爸爸會分配工作，洗車、洗狗籠、打掃院子，什麼都要做，而且要求得很細。掃把該怎麼拿、要從哪一個角落開始掃，都規定得很嚴格。太師椅要用原子筆的尖端把細縫弄乾淨、汽車車輪的鋼圈要用牙刷來刷。

就連擦桌子這種「小事」，爸爸都能發展出「ＳＯＰ」。抹布沾水搓好，對折兩次，約手掌大小，從角落沿著每一次的水痕擦，抹布髒了就換面擦，四面都擦髒了，把髒東西抖掉，再洗抹布。這簡直就是把抹布的使用最大化，是很科學的。小孩子哪管得了這麼多啊，只想趕快擦一擦出去玩。

爸爸雖然嚴厲，但他總會抽出時間，帶媽媽和我們出去玩。我和妹妹們最期待爸爸開車載我們到台中市區，那是表現極好的大獎，一般時候，能夠到清水夜市吃喝逛逛，我們已經非常滿足。我的大姑姑跟爸爸感情很好，姑姑在夜市入口賣涼飲，爸爸只要有空，都會帶我們去看她。她後來也賣雞排，生意非常好。

小時候覺得清水夜市是樂園，吃剉冰、炒羊肉、肉圓仔湯、肉圓，還有撈金魚！尤其是萬紫伯的愛玉和古早味的冰品，簡直就是尋常日子裡的煙火啊！更重要的是，這煙火有父親滿滿的愛。

大姑家對面就是肉圓仔店，那是我最愛吃的食物之一了。我從小圓滾滾的，胃口很好，跟瘦小的大妹出門，我愛吃，她不愛吃。一碗五顆，我一下就解決了，盯著妹妹的碗，問她：「妳吃不下的話，我幫妳吃。」她一點頭，我馬上把她的份也吃光光！

清水楊家肉圓仔湯（大）
8 顆 50 元

爸爸愛吃炒羊肉，其實一開始我不太敢進那家店，因為以前招牌上畫了一個羊頭，有點恐怖。可是能夠跟爸爸一起吃飯，是很難得的，所以就鼓起勇氣跟進去。太值得了，店裡的炒羊肉真的很好吃！

在物資缺乏的年代，小鎮沒有五光十色的百貨公司可以逛，小小一段清水夜市，就是我的購物城、美食街，充滿快樂的回憶。

童年的滋味，是淡淡甜香

如今回想起童年的一切，既遙遠又清晰。很多當時不在意的事情，現在反而明白它的意義，明白那些微不足道的小事，多麼珍貴。

我在有百年歷史的清水國小讀書，那是一座美到不得了的小學，每一塊紅磚都和我阿公一樣老，腳踩的水泥地，我阿公、爸爸當年也踩過，甚至也用掃把清掃過。可是我在讀小學時，從不覺得校舍有多美，有多稀罕。比起感嘆紅磚白列柱，我更關心校園樹上養的那隻猴子，下課就衝去跟猴子玩，牠被鐵鍊綁住，我們會很頑皮地逗弄牠，牠生氣要衝過來咬我們，我們就一哄而散，老師路過訓斥我們幾聲，下一節下課，我們又回去逗猴子。

母校清水國小的校舍，紅磚上刻畫了歲月的痕跡。

以前也覺得桌子好大、教室好大、學校好大。現在回學校看，卻發現桌子好矮、教室好擠。我很喜歡到清水國小參加活動，前幾年也找企業家朋友一起捐錢，成立獎助學金，爭取中央預算蓋了新的教室、活動中心，但我的心裡還是對舊的校舍比較有感情。每次回學校，我都會刻意留些時間，安靜地在校園散步，我終於發現這座小學的美了，那些迴廊、紅磚，承載了很多歷史記憶，而我小時候只在乎便當好不好吃，考試考差了會不會挨打。

父親過世後，我們喪事從簡，也婉拒奠儀鮮花，還用父親的名義，在清水國小設立獎學金，這是對父親最好的懷念，因為他也是清水國小畢業。

故鄉哪，小時候好想趕快長大，恨不得馬上飛去遠方，看看世界有多遼闊，飛得愈遠愈好；真的長大了，滄桑了，就想回故鄉，吃碗熟悉的乾麵、米糕，知道所珍愛的一切，都還好好地留在原地，就心滿意足了。

清水的尋味指南

—清水鎮上美食—

清水白燒炸粿

清水人的傳統早餐，最有特色的就是香酥美味的燒炸粿。

清水燒炸粿也有很多家，各有擁戴。「清水白炸粿」開在街邊轉角，炸鍋沿街擺，口味眾多，新鮮的蚵仔、韭菜末、絞肉、菜頭、蔥末、一字排開，不時還傳來「呲～」的油炸聲，根本在誘惑路人：「快來吃我！」

清水傳統的鹹粿配料相當簡單，屬於直球對決的食物，只用在來米漿混芋頭泥，沒有多餘的配件，一塊一塊長方形的鹹粿放進鍋裡炸得恰到好處，內裡綿密香軟，表皮酥酥脆脆，真的很羨慕清水人可以每天吃這樣的早餐。

清水的燒炸粿，蔡其昌最喜歡的是「蚵炸」口味，其他地方可能叫「蚵嗲」。跟台南動輒十種以上配料的蚵嗲不一樣，清水蚵炸只有新鮮的蚵仔，配上韭菜，滿

DATA

清水白燒炸粿
地址：台中市清水區清水街49-1號隔壁
電話：0917 172 557

01

02

01 圖中的肉炸 40 元。另有蚵炸 40 元，鹹粿 20 元，甜米糕 20 元。
02 鹹粿外型看似魚板，裡面加入了芋頭，口感扎實。

滿一大杓，下鍋前淋上麵漿，油鍋裡的泡泡噗疵噗疵，光聽聲音就餓了，上桌後一吃，果然美味，韭菜把蚵仔的甜味都提升了，又是一記超級好球。

蔡其昌也很喜歡「肉炸」口味，絞肉、菜頭、蔥末，就這三樣，調味單純，咬一大口，滿滿肉香，但很快的，菜頭跟蔥末上場，讓本來可能油膩的肉炸變得爽口。這是很厲害的變化球。

最後別忘了點一份甜米糕，只用白糖、糯米製作的米糕，炸過後比喜宴的炸湯圓、芝麻球還香，而且非常飽足。啊，連最後收口的甜點都直球對決，清水炸粿真的很有實力啊！

米糕、乾麵、肉羹湯（皆為 40 元）再來一份滷豬腳（75 元），大三元組合再升級！

正牌米糕莊

清水米糕全台聞名，王塔米糕、阿財米糕……每個清水人都有自己的心頭好。觀光客想從排隊人數來判斷好吃與否，這招在清水是行不通的，好吃的清水米糕店一到中午，人龍排得有夠長，在地人、觀光客一起排，因為想吃米糕就是要排隊啊！正牌米糕莊還有個很出名的特色：小老闆很帥但是不愛跟客人聊天。老闆娘緩頰：「客人都抱怨我們不聊天，其實我們是很專心在煮麵，要計算秒數，超過時間麵煮爛了，就不好吃了。」這才是小吃店

DATA
正牌米糕莊
台中市清水區大街路 75-1 號
電話：04 2622 0567

的精神，食物好吃才是王道。

正牌米糕莊的米糕是真的好吃，糯米蒸得恰到好處，有彈性卻也很軟黏，單吃糯米就能吃到米的香氣，因為老闆都是用最好的台灣米來製作米糕。有一回，電鍋壞了，煮出來的米糕不夠好吃，老闆娘打電話給米行，想用最好的米來暫時彌補一下，誰知道米行說：「你們平常用的就是最好的米，沒有更好的了！」

米糕好吃，滷汁也好，滷得非常入味，淋在米糕時上面肥瘦適中的肉彷彿還會抖動一下，像剛剛享受完桑拿浴一樣。滷汁順著圓筒狀的米糕往下滑，慢慢浸滿整個米糕，那不只是米糕，而是藝術！

正牌米糕莊的乾麵也很好吃，麵條是特製的，增加了發麵的時間，麵條更有口感，上面放滿豆芽菜、芹菜、香菜，拌上肉燥，最後撒上自家炸的油蔥，吃完米糕再來一碗乾麵，也絕對可以完食。

吃米糕總得配湯，正牌米糕莊的肉羹湯很特別，別處的蘿蔔都是切小塊，他們切絲，吃起來更爽口，而且肉羹湯不勾芡，更解油膩。

蔡其昌心中第一名的紅豆餅

紅豆餅到處都有，新興路近清水市場旁的紅豆餅卻是蔡其昌從小到大的最愛，每次從台北開會回清水，一定會叫助理買一大包，大快朵頤。

這攤的紅豆餅，皮特別薄，甚至因為太薄，翻面時一擠一壓，餅皮的邊緣都擠出縐褶了。別嫌它醜，最美味的就是這些小縐褶，吃起來酥酥脆脆像餅乾。跟強調餅大、口感像糕餅的紅豆餅比起來，清水市場街邊紅豆餅個頭小，不起眼，只有真正買一份來吃，才知道原來紅豆餅不一定要追求大，小巧卻酥香甜蜜的紅豆餅，也很美味。

01　這攤紅豆餅個頭小、外皮酥脆，非常具有特色。
02　皮薄又脆的紅豆餅一個 7 元，三個 20 元。

DATA

喜利廉杏仁薄餅
地址：台中市清水區中山路 333 號
電話：04 2622 4134

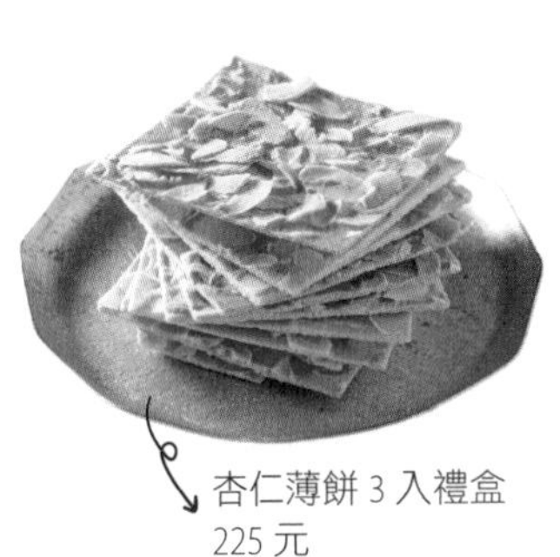

杏仁薄餅 3 入禮盒
225 元

喜利廉杏仁薄餅

來清水絕對不能錯過的伴手禮，就是五十年老店「喜利廉」的杏仁薄餅，它不只是清水人的美好回憶，更入選台灣百大伴手禮。

喜利廉原本只是在早期公路局對面的麵包店，每到放學時間，就會出爐熱騰騰的炸彈麵包，香氣飄出店外，學生們聞香而來，一人一個熱呼呼的炸彈麵包，在公車站開吃。

麵包店也兼賣餅乾蛋糕。至於招牌的「杏仁薄餅」則是一場美麗的意外，麵包師傅看著剩下的麵糊，做不成蛋糕，扔了又可惜，乾脆把麵糊攤平，撒上杏仁片，烤成餅乾送給熟客，沒想到杏仁薄餅太好吃，熟客吃不夠想用買的，師傅才發現他無意間做出「鎮店之寶」了。

喜利廉的杏仁薄餅是方形，雖然說是「薄餅」，但有些厚度，加上滿滿一層杏仁，吃起來口感扎實，酥酥脆脆，不會有空虛感。吃這款餅乾很危險啊，因為一不小心就吃掉一整包。

如今，喜利廉已經搬離原來的店鋪，在清水中山路有一間好大的店鋪，還開了分店。這家麵包店是清水人的共同記憶。另外，蔡其昌也很推奶油餐包。

來清水除了吃米糕，別忘了幫家人朋友帶一盒杏仁薄餅，自己也要帶上一盒喔，否則後悔莫及啊！

白頭蔡肉圓

清水有一家傳了四代的「傳奇肉圓」，白頭蔡。它沒有店鋪，也沒有桌椅，每天下午一點開門，在騎樓下放幾張板凳，客人點完肉圓，自己找板凳坐好，燙手地端著肉

白頭蔡肉圓
地址：台中市清水區中山路 189 號
電話：04 2623 2592

肉圓一份 2 顆
60 元

圓，快速吃完。明明環境不舒服，明明很狼狽，明明手燙得要命，還是有很多人熱愛白頭蔡，去晚了還沒得吃！

白頭蔡的魅力，一是餅皮，炸得有些酥脆的外皮，吃起來焦香焦香；二在內餡，除了豬肉外，蔬菜隨季節更換，夏天是筍丁，冬天則是大頭菜，第一次吃到「有季節性的肉圓」。

白頭蔡牆上貼著營業時間，並且霸氣寫著，下午一點半開始營業，賣完就關門，無固定休假日。吃個肉圓，還要賭人品，也只有清水白頭蔡了！

★★★

其昌大推薦

廖泉興手工製麵廠（原廖泉和製麵廠）

清水麵線已經傳承百餘年，最早是由廖章汀在西元一九〇〇年創辦，已經傳了四、五代，目前有廖泉興製麵廠，以及泉和製麵廠，都是經典的台灣麵線。

地址：台中市清水區菁埔路十三之一號

電話：04 2627 2638

士官長擀麵

不知從何時起，外省擀麵也成為清水的代表小吃之一，從士官長擀麵、老士官長擀麵、任家擀麵、新口味擀麵、張鴨子擀麵，一直到新口味擀麵，小小清水鎮，竟然有六家擀麵，每一家都有死忠追隨者。

清水擀麵的故事，得從民國五十三年說起，從河南來台灣的謝太太，帶著一身擀麵手藝，開起擀麵店，餵養家人。謝太太退休前，把手藝傳給老士官長王清

隱身在住宅區裡頭，儘管招牌不明顯仍然吸引本地人與外來客擠爆店面，就為了一嘗Q勁十足的手工擀麵。

連，讓好吃的擀麵繼續留在清水。王清連退伍後，又擀了二十一年的麵條，把擀麵棍交給兒子王天佑。

傳了將近一甲子的擀麵，究竟有什麼魅力，讓清水人著迷，連外地人都不辭千里來吃一碗擀麵？

首先，是每天清晨現擀的麵，那可是真功夫，重複地折疊又擀開，讓麵條Q彈，切麵時更要全神貫注，一分心切歪就切斷了。擀好的麵灑點麵粉，均勻地攤開在檯面上，等著下鍋。

★ ★ ★

其昌大推薦

米苔目福

位於清水第一市場西側的老店米苔目福，和燒炸粿一樣都是傳承三代的地方美食，散發淡淡米香，冷熱食皆宜。

地址：台中市清水區鎮北街九號

電話：04 2623 6481

米苔目＋粉粿剉冰
50元

士官長擀麵
地址：台中市清水區中社路 5-37 號
電話：04 2626 6618

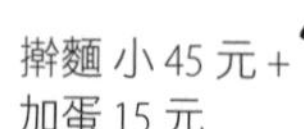

擀麵 小 45 元 +
加蛋 15 元

招牌綜合湯 50 元
空心菜、蛋、豬肝、貢丸組合而成的一碗湯，加了不少蔥油。

其次，擀麵的配料也不含糊，除了有香濃的芝麻醬，油蔥醬更是每天早上現炸，保證又香又沒有油耗味。

擀麵上桌，根本是各種香氣大集合，光聞就享受，更別提吃進口中，麵條香濃滑順，對熱愛麵食的人來說，保證是絕品！

如果能夠早起，還可以吃到「隱藏版」的「麵片」喔！普通的擀麵較細，麵片更寬些，可以沾更多醬汁，起晚了可就吃不到了！早起的孩子有麵吃！

另外，偷偷再告訴你一個隱藏版的湯吧，菜單上沒有的綜合湯，裡面有豬肝、丸子、蛋包。把半熟蛋包放在擀麵上，用筷子輕輕劃開，讓蛋液裹住麵條，這是老饕級的吃法，還不趕快筆記。

—清水夜市—

瑪丹娜雞排

清水夜市入口第一家的「瑪丹娜雞排」，是蔡其昌姑姑的店，從鹹酥雞到炸雞排，都是蔡其昌的最愛。尤其是獨享一整塊炸雞排，那種感覺像是一種放縱的幸福。

瑪丹娜炸雞排的雞排特別香、特別大，肉汁特別多，咬起來除了有「唰唰唰」的爽脆口感，還有「噗疵噗疵」肉油噴出來的大驚喜。

小小一塊雞排，可以這麼有層次，除了雞肉的選用外，更重要的是炸油新鮮。瑪丹娜雞排堅持每天換油，而且第一位客人要當見證者，親眼看老闆娘下新油，在本子上簽

蔡其昌姑姑開的「瑪丹娜雞排」不但是在地的老字號，更是他童年時期最開心的回憶之一。

DATA

瑪丹娜雞波霸

地址：台中市清水區光復街 15 號

電話： 04 2622 5704

名作證，就可以得到當天現炸的第一塊雞排。

老闆娘笑咪咪地說：「做生意，誠信很重要，愈小的事情，愈要做好。」這口吻聽起來真像蔡其昌父親常說的：「學業成績不是最重要的，重要的是生活態度。」

瑪丹娜炸雞排，吃的是炸雞的美味，還有堅持的態度。

清水楊家肉圓仔湯

有時不禁懷疑，清水人是全台灣最擅長使用糯米的。光是米糕已經聞名全台，牛棚裡還有炸粿當早餐，鹹粿、甜粿全部用直球對決，好吃到讓人想搬到清水天天吃。夜市裡的「肉圓仔」，就在瑪丹娜雞排對面，是清水祕密王牌。

DATA

清水楊家肉圓仔湯
地址：台中市清水區光復街 24 號
電話：0905 658 829

「肉圓仔」可不是外省的獅子頭那麼肉慾充滿，而是更像嬌小的包肉元宵，每一顆大約十元硬幣大小，小巧精緻，白巧可愛的糯米糰子，裡面包著鮮肉。湯頭不張揚，讓肉圓仔當家作主，吃到最後一顆小丸子，飽了肚子，解了嘴饞，心裡還盤算著明天再來吃一碗！

老牌忠羊肉

蔡其昌童年的「大人的味道」，就是炒羊肉。對孩子來說，羊肉不是平常吃得到的，很神祕新奇，要不是爸爸帶路，就會錯失的美味。

清水夜市的炒羊肉肉質新鮮，所以沒有羊腥味，而且非常嫩，沙茶調味也很適中，不會搶走主角風采，是小孩也可以吃掉一整盤的美味。大人吃不妨點小辣，讓點點辣紅在菠菜與羊肉間點綴，味道更好。再來一碗羊肚湯，羊肚爽脆，加了薑絲、米酒調味，滋味更好。

炒羊肉一份 100 元

老牌忠羊肉
地址：台中市清水區光復街 15 號
電話：04 2623 3780

（PIXTA 提供）

CHAPTER

—3—

大甲 飽滿我的能量

從十八歲到現在，大甲總是用最熱忱的笑容回報我。無論我是茫然的少年，或是需要支持的政治人物，大甲的真誠始終如一，永遠在我疲倦時，飽滿我。

大甲銀行家，安撫少年維特的茫然

想到大甲，就想到我的十八歲。當時清水比大甲繁榮，成績好的孩子會來念清水高中，我有幾個特別要好的同學，就是大甲人。

十八歲的少年，很茫然。每到週末，我們就去大甲一家叫做「銀行家」的餐廳鬼混，點一壺伯爵茶，坐一下午。我們並沒有幹什麼天大的事，也沒有聊太多深刻的話題，年少的日子像乾草，枯燥又脆弱。

青春男孩被困在鄉下，生活很無聊，卻很難有太大的不滿。想吶喊，卻又不知道該喊些什麼。現在看來像是「為賦新辭強說愁」，當時的躁動卻又如此真實。

說穿了，我們的茫然，大過於不滿。在東海參與學運時，滿腔熱血辯論著國家該往哪裡去；投身政治後，用一身的力氣拚鬥出國家的未來，對現實的不滿，化為行動的力量。可是在大甲的午後，我們對世界的理解還那麼淺薄，吶喊沒有回聲。

高中畢業後，我到台中補習班準備重考，住在崇德路的小公寓中，每天把自己丟進教科書裡，落榜的復仇心掩蓋一切，少年的茫然煙消雲散。

大甲鎮瀾宮五彩斑斕的屋頂，在中台灣的好天氣映照下格外亮眼。（PIXTA 提供）

從鎮瀾宮為主，畫出大甲生活圈

再次跟大甲產生連結，是從政之後，民政局長自然要負責大甲許多業務。投入選戰後，大甲再度厚待我。他們不只張開雙手擁抱少年的我，也用選票支持我。

我偶爾去鎮瀾宮拜拜。大甲的一切都以鎮瀾宮為中心，這裡是大甲最熱鬧的區域，無論是宗教祭祀、小吃美食，連伴手禮都與鎮瀾宮息息相關，包括拜拜用的奶油酥餅，和大甲芋頭所做的芋頭酥。

大甲夜市也緊臨著鎮瀾宮，位在蔣公路夜市兩側，這裡的美食很精彩。夜市的「一品香水煎包」必吃，不要小看這小小的水煎包，一口咬下去，會噴汁的！附近的「伊の芋圓」，我從年輕吃到現在，以前店名很時髦，叫「美洲冰菓室」，他們的芋圓跟外面的完全不一樣，很Q很香，口感一流。

不管多忙，我每年都會走大甲媽祖遶境，雖然沒有時間走完全程，可是我每年都來，用分期付款的方式走，媽祖應該可以接受吧？

日南小鎮，找回居民的榮光感

大甲過了大安溪還有一個地區，日南，與我有很深的淵源。日南是台中最北的地區，共有九個里，與苗栗的苑裡相連，有點像是三不管地帶。如果以大安溪做分界，溪南是熱鬧的鎮上，以鎮瀾宮為核心；溪北則是台中人認為的鄉下，日南便是跨過溪北的小鎮。

這樣的鄉下村落，卻因一座火車站而聞名。照道理，每個鎮上都只有一個火車站，大甲鎮卻有兩個車站，一個是大甲車站，另一個則是日南車站。為什麼日南會

日南車站是台灣現存極少的日治時代古蹟。

多一座車站呢？根據耆老的說法，因為日南米太好吃了，日治時期為了將日南米敬獻天皇，特別建造了日南車站。如今的日南車站，已經是市定古蹟。

我第一次對日南有很深刻的印象，是當選立委後，去會勘日南火車站的修整計畫，當時它已經是小有名氣的古蹟車站。我在車站前遇到兩個自由行的女大生，她們在車站外看了一眼，嫌棄地說：「就這樣？」厭惡感強烈到連我在旁邊都覺得好受傷，彷彿自己的故鄉被批評了。

可是也不能怪她們，當時日南火車站的周邊並沒有整理好，沒有社區志工維護，更沒有步道可以散步，只有一座老火車站，孤零零地站在那裡，風吹雨打，爹不疼娘不愛。像座孤島。

我一直無法忘記那兩個女孩的眼神。那天離開日南後，我一直想著該如何著手改變。只有一座火車站是不夠的，必須讓它跟在地有更深的連結，古蹟才能活過來。

我做的第一件事，是把車站跟周圍的環境都整理好，畢竟車站是本體；接著整理旁邊的巷弄，火車站旁的小徑堆滿雜物，連在地人都不想走，我們把垃圾清走，鋪上紅磚，弄得乾淨漂亮；後巷打開了，還有一棟老倉庫，一個台北的建築師朋友把它買下來，倉庫裡的老樹被保留，老樹留下，才能幫我們記得原來的模樣，未來這裡會可能有市集、有展覽，有各種可能。

原本的日南，像一座孤島；日南車站，也是一座孤島。我們把路打開後，島就不孤單了。現在從日南車站旁的紅磚道，可以散步到小鎮的信仰中心，慈德宮。廟前廣場每週有素食夜市，平日則是小鎮居民拜拜祈求的所在。我們爭取興建的腳踏車道可以一路沿著大安溪河畔往出海口而去。越過西濱公路可以到松柏漁港，那裡有每天清晨漁民竹筏載回來最新鮮的漁獲。

故鄉變得這麼美，居民就會珍惜，會用心維護。觀光客來車站看古蹟，走出車站可以在日南街上散步，與小鎮居民看著同一棵樟樹，有一樣的呼吸頻率，羨慕日南人可以住在美好的小鎮，擁有平靜的生活。這就是旅行的意義，觀看在地生活，體驗自己所沒有的日常。

我真的很歡迎大家來日南走走，找一班普通列車，慢慢晃到日南。下車後別急拍照，先跟站前的老樟樹打個招呼，它可是從日治時期活到現在。再沿著車站旁的小徑，晃悠晃悠，去慈德宮拜拜，回程走鎮上的馬路，逛逛老雜貨店，喝碗魚湯。

日南人的日常，就是旅行的主題，也是獨一無二的主題。

01

02

01　月台仍保留舊日樸拙的色彩。（shutterstock 提供）

02　日南車站無論建築或月台，都是鐵道迷必追的景點。（shutterstock 提供）

大甲旅遊指南

日南小鎮

日南是一個美麗的小鎮，人們為了鎮上那座一百歲的火車站，來到日南。日南站建於民國十一年，是大正時期的和洋折衷風格，目前已被劃為台中市古蹟。在日本九州的宮崎縣也有一座「日南駅」，跟台中的日南站是兄弟站。

著迷於鐵道的人，會搭區間車，一路從北往南，走過「海線五寶」，談文、大山、新埔、日南、追分，這五座日治時期的木造車站，是台灣少數保存的老車站。日南車站外，有一棵老樟樹，枝葉繁茂，從日治時期就在這裡守護小小的火車站。車站的枕木圍欄跟洗手間，種了漂亮的蘭花，站長開玩笑說：「美女志工種的。」這一座老火車站，遇到了很珍惜它的人哪。

沿著火車站旁的紅磚道散步，會走到小鎮的宗教中心——慈德宮，宮裡主祀媽祖。春節時，信徒們會在廟裡掛滿紅色的祈福卡片，貓咪則在神桌旁的紅椅子上睡著了，小鎮太安靜，只有每週的素食夜市，才能讓貓咪驚醒吧。

再多走幾步，就是日南公園，一樣被照顧得真好，草坪修剪得很整齊。黃花風鈴木綻放的季節，風一吹，黃花隨風飄，落在草地的台灣黃堇上。

回火車站就走大馬路吧，可以看見日南的尋常生活。很多人家都種花，花開得格外燦爛。小鎮的雜貨店並不隨便，每一樣食材、雜物，都擺放得很整齊，雖然沒有高級超市的豪華燈光，老闆對待物品的用心，不輸高檔超市。

這座最北的小鎮，自有風情，無論你來或者不來，它都恬靜自得。

其昌大推薦★★★

中南牛肉麵

來日南一定要吃一碗中南牛肉麵，中午必定座無虛席。儘管裝潢普通，但店家廚藝驚人。牛肉軟嫩，麵條滑順有勁，湯頭清爽不油膩。

地址：台中市大甲區經國路二三〇八號

鼎鱻鮮魚湯

鼎鱻鮮魚湯絕對是大甲必吃。主打深海石斑、深海鱸魚，還有極鮮美的虱目魚。老闆夫婦每天凌晨兩點就去漁港買魚，店裡銷售第一名的深海鱸魚，每尾都十五至二十台斤，每天賣好幾尾；深海石斑一尾三十至四十台斤，一天賣一尾。

DATA

鼎鱻鮮魚湯
地址：台中市大甲區新政路 182 號
電話：04 2686 5388

鼎鱻將鮮魚用得很徹底，可以點魚頭、魚肉、魚肚，口味可以做清湯、味噌湯，也可以煮魚粥。深海石斑在台北是很高價的魚，綜合石斑魚湯還加了蛤仔提味，非常鮮美，膠質超級豐富，吃完嘴巴黏黏的，滿嘴都是膠質，魚湯放涼了還會變成果凍喔！平價的鱸魚湯也非常好喝，同樣有果凍般的膠原蛋白。

除了魚湯，還有簡單的魚料理，除了蔥燒魚、蔥燒魚頭，還有蔥燒魚肝、氣囊，不過這得碰運氣，太晚去可就沒有囉。

想吃飽的人，可以點鮮魚麵線，還有滷肉飯、魚鬆飯、花生飯，什麼都想吃也別苦惱，大膽地點「滷肉魚鬆飯」吧！老闆會讓你心願達成的！除此之外，拜蔡其昌副院長所賜，還有一道隱形菜單：乾煎虱目魚肚。因為料理時間比較久，沒有寫在菜單上，想吃的話可以直接跟老闆娘點，她就會知道你是巷子內的饕客了。

紅燒牛肉 100 元

綜合石斑（魚）湯 180 元

乾煎虱目魚肚
時價

另外同場加映一家人氣餐廳——鼎騰牛肉麵。

吃魚還不過癮，想來點牛肉的話，店裡還有鼎騰牛肉麵的菜單，可以直接跟魚店老闆點碗牛肉麵，或者叫一盤紅燒牛肉，麵店自會送到你的餐桌上。

一品香水煎包

千萬不要小看這顆水煎包，這可是大甲夜市的排隊名店，老闆動作很快，刷刷刷地，一排一排起鍋，卻還是趕不上客人排隊的速度。熟客動作更快，看準想吃的口味，快手快腳地夾進塑膠袋裡，自己加調味料。

一品香的水煎包個頭不大，很容易讓人輕忽，一口咬下去，水煎包湯汁噴出來，這下才知道厲害！明明只包了高麗菜、紅蘿蔔絲、絞肉、冬粉，怎麼可以這麼Juicy！除了水煎包，豬肉餡餅也好吃，內餡只有蔥跟絞肉，一樣會噴汁。小心燙嘴啊！

老闆手腳得夠俐落才足以應付川流不息的來客。

DATA

一品香水煎包

地址：台中市大甲區育德路 58 號

電話：04 2688 4998

伊の芋圓

到大甲，當然要吃芋頭，而且要吃最好吃的！大甲夜市的「伊の芋圓」已經開店五十年，除了是台中網路美食票選的優勝店家，從電視節目「食尚玩家」到非凡電視台都來採訪過，是全台聞名的「芋頭名店」。

伊の芋圓民國六十一年開店，當時有個時髦的名字「美洲冰菓室」，夏天賣冰，冬天賣甜湯。老闆娘常常思考要怎麼「創新」，冬至忙著搓湯圓時想：「如果可以把芋圓做得像湯圓一樣好吃就好了。」無奈每次試做都失敗。

因為就住在鎮瀾宮旁，某次拜拜完在老榕樹下休息，望著從天飄落的樹葉，她突然想到新配方，回家後做了幾次，總算掌握訣竅。虔誠的她堅信這是媽祖給她的靈感，是媽祖的保佑。美洲冰菓室傳到第二代手上，不只店名有了變化，冰品也持續創新，甚至在芋圓裡加了紅麴，不只健康，顏色更漂亮。店裡的看板上，幾十種冷熱甜品跟水果盤、飲料熱情地向來客打招呼。

芋圓仙草凍
55元

伊の芋圓
地址：台中市大甲區文武路 54 號
電話：04 2680 0802

俫俫牛家莊
地址：台中市大甲區新政路 288 號
電話：04 2686 5001

油蔥乾麵 40 元

牛肉湯 80 元

創新固然有意思，傳統工法卻不能丟了。製作芋圓、地瓜圓時，不能依賴機器，要用手工切；熬芋頭時，要加蔗糖增添香氣；店裡的紅豆也有名，不買現成品，用台灣紅豆慢慢熬煮。

伊の芋圓最受歡迎的是芋圓仙草凍，有傳統芋圓、地瓜圓、仙草凍，還有滿滿的蜜芋頭，要吃前淋上奶油球，甜蜜香醇，讓人一口接一口。芋頭沙牛奶則受女性歡迎。就算你不是芋頭控，就算你堅持芋頭非要吃鹹的，都請放下固執，來伊の芋圓吃碗芋圓冰吧，你一定會愛上的！如果蔡其昌請你吃芋圓冰，也一定是這一家！

俫俫牛家莊

俫俫牛肉麵不在夜市，但它的美味值得繞路前去。要判斷一家麵店好不好吃，聞聞空氣中是否飄著湯頭香氣，若聞到香氣，肯定好吃！

俫俫牛肉麵的外表毫不起眼，很容易路過錯過，有緣走進店裡，就能聞到清燉牛肉湯很不得了的香氣。直接點一碗清燉牛肉麵來解饞，或者更貪心，點一碗油蔥拌麵，再來一碗清燉牛肉湯，唏哩呼嚕吃完，有緣吃到這碗麵，真是太幸福了！

CHAPTER

4

台中海岸 把碎浪串成珍珠

整個台灣被海洋溫柔環抱著。然而，因為歷史因素，台灣人離海很遠。如何讓人們親近大海，成為真正的海洋國家，是我們共同的課題。

梧棲漁港位於我的家鄉清水，港邊的「海洋生態博物館」歷經三任市長仍未開張，實在可惜。（shutterstock 提供）

那年夏天，墾丁的海

我喜歡海，二十歲喜歡玩海，四十歲喜歡看海，大學時期和那群青春無敵的同學一趟墾丁之旅後，就無可救藥愛上那種與海親近的感覺。短褲、T恤加上人字拖鞋，恣意地漫步墾丁大街。一張沙灘椅，細沙裹覆著腳丫，聽著海洋低吟，彷彿吵雜繁忙的世界按下暫停鍵，那個空白，好像人生許多不明白的事，都可以得到啟發。我很喜歡一首歌，《海洋國家》，第一次聽到是在我大學時期，很震撼，每次聽總讓我充滿使命感。特別在《海洋國家》的歌詞最後一段寫著：「純白是自由、民主、光明，無限的地平線。有尊嚴，倚挺挺，台灣的子孫，充滿喜樂，充滿喜樂，我們是海洋國家。」

是啊，台灣是海洋國家，為什麼我們卻對

海洋如此陌生？

識海、親海，應該是每一個台灣人的功課！

擔任公職之後常常會想，我不就住在台中的海邊嗎？什麼我每年要開十小時的車到國境之南看海？於是我開始行動，除了改善高美濕地、爭取台中港北堤成為台灣唯一海釣示範區外，我也在松柏漁港、梧棲漁港、麗水漁港，協助漁民修整漁港；另外，大安濱海樂園、濱海自行車道、到協助三井 Outlet 的設立，台中沿海的每一個角落都有我踏查會勘的足跡。

十幾年來，我提出海線藍帶計畫，並著手倡議，逐年爭取完成。我不想模仿誰，只想打造屬於台中海的味道。

好好的人，幹麼來選舉

雖然對台灣懷抱熱忱，對故鄉充滿使命感，想要擁有改變的力量，甚至堅持初衷，卻是一段很漫長艱辛的過程。

研究所畢業後，我投入政治領域，同時也在靜宜大學教書，二十八歲擔任台中縣工業策進會總幹事，三十歲我當上民政局局長，三十五歲選上立法委員，四十七歲擔任立法院副院長，雖然過程幾次嘗到失敗挫折，但我對政治的熱情從未熄滅。

三十五歲那一年，我決定要投入選舉。競選看板寫著：「蔡其昌，台中縣政府前民政局局長，靜宜大學講師。」我每天站在看板前，對路過的人用力鞠躬、揮手，喊著：「我是蔡其昌，靜宜大學講師，拜託拜託，拜託拜託！」

有天，有個阿姨路過，我鞠躬請她支持我，她看著我說：「我有注意到你的看板啦，你是靜宜大學的講師啊。」接著，她就說：「唉，好好的人，幹麼出來選舉？」

啊，原來好好的人不應該投身政治？那位阿姨的話重重打在我的心上，我抱著很大的熱情投入選舉，想要對國家有貢獻，這份工作在別人眼中卻如此不堪。我站在路邊想了很久。

選上後，我面對更多冷嘲熱諷與無情攻擊、抹黑、挑戰，當初那位阿姨還算客氣了。其實政治人物的某些刻板印象，我們也需要自我反省，過度作秀、開空頭支票，大家被騙久了，當然不相信啊。我無力改變環境，只能堅定自己的信念，做個不一樣的政治人物，我要更謙虛，盡量說到做到，別人才會知道：「蔡其昌不一樣。」

從政之後的每一步，都是逆風前行，走得戒慎恐懼。

堅持的人，才會贏得尊重

例如為釣客的釣權努力，爭取台中港北堤成為海釣專區一事，就給我很大的啟發與鼓勵。剛到台中港想幫助海釣者時，很多人不信任我。當時我是立法委員，民眾來陳情，釣魚像做賊，因為長期不開放海邊釣魚，所以常常要跑給警察追。只是釣魚，有事嗎？

「釣魚是好的休閒娛樂，為什麼要偷偷摸摸？」我認為適當的場地、良善的管理，才能保護海洋，也可以保護釣客的安全。但行政部門保守，所以困難重重。我每年辦理會勘，在立法院質詢，記得第一次會勘時，還有釣客直接對我說：「選舉要到了喔？」認定我是來作秀的。我沒有多辯駁，因為我可以猜想，這位釣友應該被欺騙很多次。只有堅持下去，將問題解決，人家才會知道你是玩真的。改變需要時間，堅持下去的人，才會贏得尊敬。既然你們不相信我，那我就做到你們相信為止。

要開放海釣，首先要修法，必須有法源基礎。法源有了，接下來就是真正的落實。我在立法院交通委員會強力監督，不斷溝通，爭取遊說。改變不可能一次到位，需要一點一滴來推進。

釣客當然希望一步到位，可是港務公司本業是航海業，同時也擔心釣客安危，所以阻力很大。我們爭取到先開放五百公尺，隔年再開放五百公尺，慢慢開放，有錯就修正。比如港務公司原本為了保護釣客，特地蓋了水泥護欄，結果釣客甩竿不方便，最後乾脆跑到護欄外，更危險。

經過多年的爭取、改造，結合全國各釣魚團體成立海釣

北堤的海釣示範區是台灣第一個開放海釣的商港。儘管多年來歷經艱辛，我仍期許自己做個不一樣的政治人物。

的大聯盟，在我帶領下第一次進入行政院，蘇貞昌院長特別請陳其邁副院長接見，終於達成共識，行政院指示成立台灣第一個海釣示範區，接著蔡英文總統、蘇貞昌院長宣布向海致敬的政策，解鎖塵封多年的台灣海岸線。場地整理了，管理上交給「社團法人臺中市台灣釣魚人大聯盟協會」，由真正熱愛釣魚的人來訂定各種條規，自行管理，台中港的北堤海釣示範區才算真正完成。

現在到北堤釣魚，只要申請登記，並且遵守穿上救生衣等規定，就可以大大方方釣魚，再也不用跑給警察追。如果風浪太大，協會也會在網站上公告，暫時停止開放。

北堤海釣示範區，是台灣第一個開放海釣的商港，不只其他縣市的人來觀摩，連國外都有考察團來參訪。

爭取北堤海釣示範區這一條路，真的很漫長。從我當選立法委員，到我成為立法院副院長，一路上很多心酸血淚，從不被信任，到釣客們堅持出錢做「感謝蔡其昌」的布條，掛在北堤。布條不是重點，而是我總算堅持住，用行動告訴他們：「蔡其昌想做不一樣的政治人物！」

被酸當然很難過，甚至會生氣。我年輕時脾氣不好，會放在心裡很久，結婚後脾氣改了很多。結婚生子是一個很重要的里程碑，因為生活方式改變，很多想法跟狀態都會不一樣。人的修煉需要時間累積，是有歷程的。

三十五歲以前被誤解會很介意，可是到了一定的年紀後，對世事更理解，就會明白：「酸民不是針對我，而是有太多政治人物讓他們受傷，他們是罵別人啦，只是把氣出在我身上而已。」

人間就是江湖。我們每天都在江湖歷練，理解人與人難免有不同的想法，在江湖中學會人世間的道理。每一個挑戰都會讓我們增長智慧，尤其是失敗與挫折，帶來更多智慧。

做政治就是自我的修煉，專注在目標上，盡力而為，問心無愧，其餘的就淡然處之。時間總會讓真相越來越清晰。

願心胸與見識，如大海遼闊

作一個政治人物，如果老是被負面情緒繫絆，不如趁早轉行。我們的心胸與見識，應該要如大海般遼闊。

我生長的台中海線，台中清水，是台中相對落後的地區，人家說「風頭水尾」、「站尾包衰」，真是我們的寫照，我們是海風第一排，卻是水圳的尾巴。我很愛我的故鄉，眷戀著海風，這裡的基礎建設卻都明顯落後。你可想像我當立委時，台中大安區自來水接管率才百分之二十，現在我已經爭取到百分之七十，六年前第一輛公車才進入大安區。對故鄉的心疼，也是我從政很重要的原因，我希望孕育我成長的地方更好。

可是，真正的「進步」到底是什麼？繁榮又是什麼？我花了很多時間思辨、定義，到田野去探尋「進步繁榮」究竟是什麼？發現每一個人要的都不一樣。

對企業來說，他們想要投資、蓋廠，最好可以把鄉下的土地都變成工業區，開創更多就業機會與經濟效應；對農民來說，土地卻很珍貴，他們的一生就是把祖先留下的土地顧好，能擁有一間農舍，有方便的水源，有棵大樹可以跟老朋友泡茶抬槓，那就是最好的人生；小店家的老闆最想要的是客人，最好鎮上蓋一間大學，有成千上萬的學生住在附近，他們才有生意做。

每個人想要的都不一樣，地方真正需要的又是什麼？除了基本需求的完善，我們的故鄉可以美麗又繁榮嗎？可以照顧到大多數人的需求嗎？可以讓每一個人好好賺錢，安心生活嗎？

很多政治人物一上台就急著爭取機場、工業園區、百貨商城，這些是故鄉需要的嗎？若忽略地方的獨特性，蓋起一棟棟長得一模一樣的建築，無差別的城鎮，這真的是最好的發展嗎？

找到故鄉的需要與特色，為故鄉擬定獨一無二的發展計畫，是一條更漫長的路。人生最重要的道理，最核心的價值觀，都要經過思辨、追尋，受過挫折，才會真正理解，啊，原來這才是最重要的啊。

我繞了一些路才明白，真正的在地繁榮，必須尊重地方特質，展現獨一無二的風貌，才是最好的發展。

讓土壤長出屬於自己的一片花海

找出區域特色，打造專屬的獨特性，才能在城市的競爭中，脫穎而出。更重要的是，每一項建設都應該彼此串連，就像把碎浪串成珍珠，建設才會有價值，而不會變成一座養蚊子的孤島。

梧棲漁港是一個起點，我每年都為它爭取很多預算，除了將老舊建築物改建，還增加觀光誘因，要讓它在台灣這麼多漁港中，讓人叫得出名號。

01

02

01　這裡是很多漁船的歸所，也是逾半萬里蟹捕蟹船的上岸地。

02　梧棲漁港是我爭取改造台中的起點。希望藉由觀光功能的提升，讓它在台灣眾多漁港中脫穎而出。

高美濕地的木棧道，是欣賞生態之美的捷徑。

這裡是很多漁船的歸所，連萬里蟹都有一半以上的漁船，是從這裡上岸，只是人們不知道而已。這裡有最棒的海鮮，最齊全新鮮的漁貨，跟其他漁港相比毫不遜色；松柏漁港每日清晨，有竹筏進港，現撈漁貨是它最大特色，要為它建設了漁獲中心，讓採買環境更好。

到梧棲漁港除了吃海鮮，還能有其他活動嗎？市府在港邊蓋了「海洋生態博物館」，歷經三任市長尚未開張，實在可惜。而我爭取了十億的預算，要在「海洋生態博物館」旁蓋一座「綠能兒童樂園」，讓這區域好玩好吃又有教育性；「大安龜殼生態園區」則結合了在地志工，由他們來介紹自己生長的環境，帶觀光客做生態導覽。園區是土壤，志工是花朵，讓土壤長出屬於自己的一片花海，那份美麗才是真實的，才能永遠綻放。

台灣的漁港很多，但是有現撈海鮮、兩座博物館、連結高美濕地、三井Outlet、生態園區的，只有我們台中才有。

我爭取三井Outlet來台中港，就是想創造更多海岸的不同樣貌。台灣有很多Outlet，三井是唯一一座海邊的購物中心，人們來購物消費，累了就坐在窗邊看海，或者坐摩天輪遠眺整座台中港，這就是獨一無二。現在一到連續假期，台中港滿滿的人潮。

想要親近濕地生態的人，可以去高美濕地。這是台灣最美的濕地，疫情前是日、港澳遊客的最愛。沿著木棧道走向大海，可以看見整個水域的生態。這些年，我們除了環境保護法規的建立，也積極爭取預算改善軟硬體設施。濕地環境的永續是一切的根本，一旦被破壞，就回不去了。

台中海岸旅遊指南

—梧棲漁港—

關於「梧棲漁港」，一直有個爭論，漁港的地理位置在「清水區」，偏偏叫「梧棲」漁港，彷彿是在梧棲區似的，兩區的人常常爭辯，尤其清水人不服氣：「明明在我們清水啊！為何叫梧棲？」當然，這都是無傷大雅的小爭論，不傷和氣。

梧棲漁港占了地利之便，在台灣海峽的中心位置，漁船多是近海當日，或三五日就返航，漁獲的種類非常豐富。從夏季的龍紋鯊、中秋過後的螃蟹、一直到入冬的烏魚，再接續午仔魚、白鯧、小卷……。一年到頭，梧棲漁港都有各種漁獲，漁船歡欣回港。

漁港內停滿穿梭海洋與饕客間的船隻。

愛吃海鮮的人走進「漁貨直銷中心」，一定會滿心雀躍，漂亮的「現撈啊」躺在冰塊上，閃閃發光，低價肉魚一籃一百、難得的活凍風螺一斤一百五、東石生蠔一斤一百、特大海蛤一斤兩百……。海鮮控到這裡肯定錢包失守啊！非得裝滿一個保麗龍箱不可！

愛吃但不會料理也沒關係，旁邊的「熟食區」寬敞乾淨，成排的海鮮小吃讓人眼花撩亂。有久違的燒酒螺、烤魷魚、古早海味零食；炸物攤位也有漁港的架勢，龍珠、喜相逢、蚵仔酥是基本的，小卷還分小卷尾巴、小卷肉，深海大章魚、深海大花枝；還有「無敵海鮮包」，有蝦仁包、蚵仔包、花枝包、綜合包……一圈逛下來，真的很想大喊：「老闆！每份都給我來一包！」想要更豪氣，吃一頓海鮮大餐，「餐飲區」裡每間餐廳都明亮乾淨，魚鮮的品質更是一流。

梧棲漁港是台中市首座機漁船港，不但吞吐大量漁獲，更提供代客料理的服務。

蔡其昌為這個漁港爭取超過十億的預算，動線重新規劃、整建。經過初步整理的梧棲漁港，逛起來真的非常舒適，沒有濕黏的地板、充滿魚腥味的空氣，也不會漫天喊價，連吃太飽都不怕，在港邊吹吹海風，散步消食，是一趟超完美海港小旅行。

蔡其昌常說，這個漁港會愈來愈好，要打造成為台中的漁人碼頭。加上旁邊的海洋生態館和蔡其昌花了很多心血爭取打造的綠能兒童樂園。未來，這裡充滿期待。

DATA

梧棲觀光漁港
地址：台中市清水區北堤路 30 號
電話：04 2657 1586

01　港邊出售 CP 值極高的生猛活海鮮，平實的價格深受老饕青睞。

02　新鮮的白蝦毋須調味，燙熟上桌就是鮮甜美味！

阿東的店

到漁港玩，一定要吃海鮮！梧棲漁港裡的「阿東的店」是老店，無論在環境、魚鮮，還有料理上，都是梧棲漁港裡的頂尖，價格卻很實惠。

阿東的店隨著梧棲漁港的搬遷，移動過幾次，現在的餐廳緊鄰著港邊，白天可以看海，夜晚可以看漁船歸港。內部的裝潢也隨著數次搬遷而改變，少了海產店的嘈雜濕膩，大器又舒適。裝潢提升，廚師的技藝也不斷提升，主廚姚添援老師在忙碌之餘還參加許多廚藝比賽，得獎無數，店裡高掛著許多祝賀布條。

來到阿東的店，不必害怕被欺生的店家敲竹槓。

阿東的店
地址：台中市清水區北提路 30 號
電話：04 2656 9725

別因為它燈光美氣氛佳又拿金牌，就不敢踏進來。阿東的店最讓人稱道的，就是「價格透明」。某些漁港旁的餐廳會欺生，魚鮮的價格自由心證，結帳時才發現自己變成冤大頭。阿東的店卻把每一尾魚都標上價錢，直接貼在魚身上，每一尾魚的價格點菜時一清二楚，不怕被騙。

到阿東的店，必點美食是「鮮魚米粉」，魚湯做底，加入當季的鮮魚、小卷、蛤仔，再用芹菜、蒜苗提味，鮮美得不得了。海產店必吃的燙蝦、海瓜子，也都肥美新鮮。如果季節對了，別忘了來份螃蟹，別以為只有萬里才有花蟹、三點蟹，很多螃蟹船長是從台中港上岸，這裡的螃蟹不輸萬里。

鮮魚米粉
價格依食材（魚種）而異

吃完鮮魚米粉，螃蟹也啃完了，運氣好的話，還能享用阿東的店的招牌冰品，仙草粉粿。這甜點得來不易啊，是跟老師傅買的，老師傅想退休了，阿東的店上門拜託，千萬別退休，否則就沒有粉粿可以吃了。

作為梧棲漁港的老牌餐廳，阿東的店有份自尊自重，魚鮮不偷斤減兩，價格清楚透明，料理水準之上，連一份甜點都如此用心。來梧棲千萬別錯過。

★ ★ ★

其昌大推薦

阿東的店是蔡其昌的最愛，一鼎鱻海鮮館也不錯。另外兩家吃生猛海鮮的餐廳蔡其昌也時常光顧。

新海岸

地址：台中市梧棲區大智路二段三七九之一號

電話：04 2656 4110

梅子餐廳

地址：台中市沙鹿區中山路四七三之二號

電話：04 2662 5365

梧棲鹹蛋糕

鹹蛋糕是一翻兩瞪眼的美食，就像火鍋可不可以加芋頭一樣，有原則的人，堅持蛋糕只能吃甜的；樂於嘗試的人，認為鹹蛋糕沒什麼不可以。

其實啊，食物本來就充滿變化，不管你是甜蛋糕派，還是好吃就好派，打開心胸試試看，也許會有意外的驚喜！

梧棲的鹹蛋糕創辦家族是林異香齋，是傳統的蛋糕夾肉燥，蛋糕口味也是傳統較具口感、外型也顯得粗獷，歷代都住在梧棲；另外一家則特意將店名取為「梧棲小鎮」，是希望大家在品嘗蛋糕時，可以聯想到梧棲的海風與海港，想起風中的鹹味，與蛋糕的香鹹。

鹹蛋糕是一層一層柔軟的海綿蛋糕，夾著肉燥，又抹了美乃滋，鹹甜鹹甜的，一不小心就會吃上好幾塊。「梧棲小鎮」口味較具現代蛋糕口感，質地綿密，兩家各有特色，就看個人喜好。

最推薦的吃法用烤箱略略烤後再吃，邊緣帶點焦香的鹹蛋糕，絕品！

梧棲小鎮
原味鹹蛋糕 8 入
190 元

三井 Outlet

Outlet不稀奇，開在海邊，還有無敵海景摩天輪的Outlet，這才厲害。也許是因為在海邊的緣故，台中的三井逛起來特別愜意。晴天時，陽光灑在中庭，海鳥停在歐風建築的門楣上，彷彿到了歐洲漁港旁，吹著海風，悠閒地逛精品店。

三井的摩天輪高度長達六十公尺，跟愛人一起慢慢地升空，放眼望去是無盡的大海，再怎麼口拙的人，說出來的話都會變成情話。想要求婚，更要去搭摩天輪，讓天地大海為證。

熱愛血拚的人，來到三井Outlet也不會失望。除了必敗的運動大牌Nike與Adidas之外，從台灣潮牌五月天阿信的Stayreal，讓人引以為傲的精品夏姿，到休閒品牌的精品Levi's、Roots、Guess、Calvin Klein、POLO，還有出國必扛的法國鍋具Le Creuset、德國的雙人牌……從運動服飾、生活用品到國際精品，三井Outlet全包了。

逛一圈下來，荷包瘦了，偏偏肚子胖了！因為這裡的美食也很驚人，有台中名產太陽堂、詹記清水筒仔米糕、繼光香香雞，也有來自日本的一百八十年老店「但馬屋」和牛涮涮鍋、銀座的宮下和風洋食、夏威夷的Kua-aina漢堡……。

大人有得玩，小孩更要玩。購物廣場後方的「雪樂地」（Snow Town），是從日本引進的歡樂雪世界，用乾淨的水質製造雪花，讓台中也能下起片片白雪。場館裡有滑雪道、戲雪區、舞台區，平日一張票無限暢玩，假日為了讓大家都可以進場玩雪，限時兩小時。孩子在雪堆中奔跑，電力全部放光，回家柔順得像綿羊。

三井 Outlet

地址：台中市梧棲區台灣大道十段 168 號

電話：04 2521 8999

氣質滿滿、深受女性顧客青睞的手搖飲專賣店。

Rose House Café與先喝道

三井Outlet裡有許多好吃的餐廳，有兩間值得特別介紹——古典玫瑰園的子系列，「Rose House Café」跟「先喝道」。

英式玫瑰奶茶（冰／熱）50元

英式玫瑰特調茶（冰／熱）40元

少女一般的舒芙蕾

古典玫瑰園是台灣下午茶的第一品牌，但在三井裡它們賣的卻是咖啡。位在三井 Outlet 二樓的「Rose House Café」在靠窗的角落，穿過誠品書店就到了。整排的落地窗，讓 Rose House Café 多了幾分明亮。它希望客人可以好好地坐下來享用下午茶，否則就辜負了窗外的漁港風光。

Rose House Café 自然有古典玫瑰園的招牌飲料，另外還有很多創新的飲品，例如「玫瑰星光」是用玫瑰露、檸檬、莓果等調配，香甜中帶點微酸；

無論是甜蜜入心的草莓口味（右）或是充滿韻味的抹茶口味（左）舒芙蕾，都能為甜食愛好者帶來難忘的舌尖體驗。

以絕佳的海港風光為背景，吸引在此小憩的消費者目光一亮。

「海洋雲朵飄飄」除了加入藍柑橘跟柳橙調味，杯上漂浮的雲朵是用北海道十勝奶油打出的奶霜。既然是Café，當然有精品咖啡，品質不輸茶飲。

來到Rose House Café，一定要點份舒芙蕾。舒芙蕾的原料全部來自日本，包括神奈川的鑽石低筋麵粉、沖繩與鹿兒島的上白糖、北海道十勝鮮奶，連抹茶風味所用的抹茶，都是來自京都的宇治抹茶粉。

有好的原料只是基礎，要把舒芙蕾烤好，需要真功夫。每一位員工至少要經過一個月的訓練，才能上手。得把舒芙蕾烤到每一片都膨脹五公分以上，比一般的舒芙蕾大上三分之一，才算成功。

蓬軟的舒芙蕾口感綿密，充滿奶香味，草莓口味的舒芙蕾，帶有酸甜香氣，再加上濃濃的奶油，吃了真的會有少女心，因為太少女了呀！甜食控一定要試試抹茶口味的舒芙蕾，甜得真是過癮！成人的抹茶香，加上綿密的紅豆，若說草莓舒芙蕾是少女，抹茶舒芙蕾就是少婦，苦中帶甜，餘韻綿長。

手搖飲也要有氣質

至於台灣已經有二十五家的「先喝道」，三井也有一家。「先喝道」自詡為「最高品質，國民茶飲」，手搖杯上滿滿的玫瑰花圖騰，那是創辦人黃騰輝親手所繪，光拿著都有氣質。

先喝道的茶飲也走氣質路線，招牌的「英式玫瑰特調茶」，是以英國製茶大師Mr. Timothy Clifton 調配的印度紅茶和錫蘭高地紅茶為基底，加上烘焙的玫瑰花瓣，花香味十足。這是台灣最有氣質的手搖飲。

落日餘暉在高美濕地的表面映照出動人的光影。

高美濕地

高美濕地早就成為台灣旅遊經典。高美的落日，是世界級的美景；從寒帶飛來過冬的黑面琵鷺，是國際嬌客；水岸邊的大安水蓑衣草，被國際自然資源保育聯盟歸為瀕危植物。這片小小濕地，非常「國際化」。

早在日治時期，大家就已經發現這裡的美好。一趟又一趟的昭和巴士，載滿夏日來戲水的遊客，直到民國六十年代，台中港的開發，卻讓污泥淤積，戲水遊客才漸漸少了。

人走了，候鳥與植物卻來了。除了黑面琵鷺，紅尾勞伯、喜鵲等少見鳥類，也會來這片濕地覓食；外來的水筆仔，也與在地的雲林莞草搶地盤。

幸好人們已經學會愛護自然，為了保護讓鳥兒與水草們可以好好生長，我們願意自我節制，將可步行的範圍縮現在木棧道上。人類已經掠奪自然太多，禮讓一些是應該的。

高美濕地的木棧道配合潮汐，有開放時間，通常漲潮前一個半小時封閉，漲潮後一個半小時開放，每日時間都可以上「高美濕地旅遊網」查詢。幸運的人可以順著棧板走過潮間帶，從遠處看，人彷彿漂浮在海上，走到宇宙的盡頭。

傍晚，木棧道關閉了，天空卻熱鬧起來。太陽一格一格落下，映照著濕地的餘暉一寸一寸縮短，月亮偷偷爬上來，星星也一點一點地顯現。遠處的風車，隨著微風轉動著，時間也在風中消逝了。一回神，身旁的人少了，天幕轉為靛藍色，黑夜降臨，天上的星子依然明亮，風車閃爍的燈光，像星星寧靜地落入人間。

紅豆牛奶冰
55 元

DATA

山榮冰果室
地址：台中市沙鹿區沙田路 174 號
電話：04 2662 5676

山榮冰果室

沙鹿是海線地區近十年發展的重鎮，蔡其昌國中時期就讀沙鹿國中，同學在這裡，情感在這裡，還有許多難忘的味道也在這裡。

山榮冰果室在路邊轉角，賣的是傳統挫冰，店家歷史久遠，是每個沙鹿人童年的滋味。跟別家冰店的客層不同，來山榮排隊吃冰的不是年輕人，而是中年人，他們吃情懷，也吃童年回憶。

山榮必點的當然是紅豆牛奶冰，每個人的心中，都有一盤童年的紅豆牛奶冰啊！挫冰必須堆得很高，舀上好幾匙熬得綿密鬆軟的紅豆，再大方地淋上好幾圈煉乳！就是這個味道，童年快樂回憶中的紅豆牛奶冰，有著進口冰淇淋都無法取代的幸福感。

冠軍牛肉麵

冠軍牛肉麵店，看起來很尋常，走進去聞了吃了才知道不簡單。走進店裡，會聞到一股中藥材的清香味，那是清燉牛肉湯的香氣。湯上桌後，賣相也好，上面除了撒香菜，還放幾顆枸杞，沒有燉了過久的渾濁，喝起來卻充滿香氣。

紅燒牛肉麵也很清爽，原以為是加了番茄，沒想到是用紅糟，除了清香，還帶點甜味。加一大匙酸菜後，又是另一種濃厚味道。想要更夠味，就沾點店家自製的切辣椒醬——很辣喔，請小心。

紅燒牛肉麵（大）
140 元

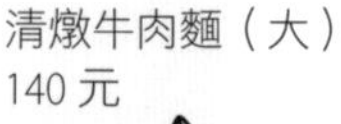

清燉牛肉麵（大）
140 元

優典咖啡

位在靜巷裡的優典咖啡，像個氣質美女，安靜又美麗地微笑著。沿著樓梯佈置的綠色植栽開得燦爛，屋內的木椅紗

DATA

冠軍牛肉大王
地址：台中市沙鹿區沙田路 92 號
電話：04 2635 6158

DATA

優典咖啡
地址：台中市沙鹿區中山路 223-2 號
電話：04 2662 3341

簾，則將整間店妝點得更優雅。

優典雖然是咖啡館，餐點卻不輸人，非常豐富，從義大利麵、牛排、羊排，到燴飯、炒飯，蔡其昌最推薦的是咖哩飯，非常夠味，又很飽足，吃完再喝杯咖啡，喘口氣，是跑行程空擋最舒服的享受。

沙鹿肉圓福

沙鹿有三間肉圓福，隔得很近。最老的一間肉圓福，已經開業超過八十年，是沙鹿在地最有名的小吃之一，許多沙鹿人從小吃到老。

肉圓福的內餡很夠味，肉塊加上胡椒調味，硬是比別人多一味，還加了細筍丁，筍香除了添味還能解膩。外皮軟Q有口感，走豪邁路線，讓人大口吃了過癮。

至於哪一家肉圓福最好吃？都是阿公傳下來的店，在地人雖然連最細微處都吃得出來，各有支持者，可是外地人則不用擔心，每家都好吃，把胃空出來，準備放肉圓吧！

肉圓 35 元

DATA

沙鹿肉圓福

地址：台中市沙鹿區沙田路 97 號

電話：04 2635 7546

我的台中 TAICHUNG 青春紀事

CHAPTER 5

東海大學是我靈魂的居所

東海的美，是勾魂動魄的。在我心中，它是全台灣最美麗的大學，更是我靈魂的居所。無論離開多久，只要回到東海，所有的回憶頃刻襲來，在文理大道每一塊石板、每一棵大樹上，青春刻下的痕跡，從未被時間抹去。

01

一所學院，一方隱士

東海大學是有歷史的大學。二戰後，台灣脫離日本殖民，並且接受美國援助，對抗中國。當時基督教會要在台灣設立大學，期待設立一所追求智識的博雅式大學，小而精緻，必須文理兼具，追求智識卻不放棄實用。東海大學成立時，最早設立的便是文學院跟理學院。

一九五三年十一月十一日，東海大學舉行動土典禮，還邀請了當時的美國副總統尼克森，可見大學受到美國影響很深。在半山腰的東海大學，有整片森林。有人說東海太大，大到會迷路，其實，在東海迷路也是幸福的。文理大道貫穿校園，前後並沒有建築遮擋，一眼就能望穿。從大道兩旁延伸的方院式學院，就是各系所獨立的所在，每一個系所，有自己的小方院，既是仿唐式的小

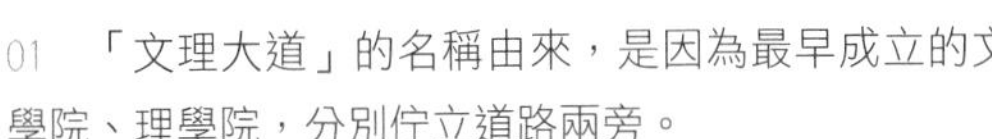

01　「文理大道」的名稱由來，是因為最早成立的文學院、理學院，分別佇立道路兩旁。

02　於民國 44 年創校之初就已成立的文學院。我就讀的歷史系和哲學系及各個語言科系，都隸屬於此。

02

別院，也是台灣的三合院樣貌，同時也像修道院裡的方院。

每一個學院，都是一方隱士，是智識的桃花源。

文學院的校舍從初建到現在都維持原樣，白牆黑簷，老樹晃蕩，讀歷史的我們在這裡感受到歲月緩慢推移。

我們總是捨不得離開文學院的小方院。外面的世界或許好玩，但這裡更能安頓我們的身心。冬天出太陽時，和煦的陽光斜斜灑下，我們坐在廊檐，看粉塵在微光裡漂浮，呼出的白霧一下就散了。朝迴廊望去，教室裡老師講解歷史的話語，飄出教室外，那是最知性的聲音。

我們常常聊到忘情，聊古今、聊台灣的民主發展、聊著一些有的沒有，時時縱聲大笑，教授偶爾會忍不住跑出來，叫我們小聲一些，我們安靜片刻，又忍不住笑開。謙卑的文理大道、自由理性的思辨、同學間真摯的情誼，還有大肚山強烈的風，像極了我們的熱血青春，這種美一輩子只有一次。

這是我心中的永恆。是大學該有的氣度，也是東海獨有的美好。

我去過許多國家，拜訪許多名校，他們或有雄偉的建築、傲人的校史。儘管如此，東海的美在我心中都未曾減損半分。因為那是獨一無二的。

勞作教育，從未中斷的激辯

東海大學還有很特殊的校規，除了大學一年級強制住校外，還必須參與「勞作教育」，這在全台灣應該絕無僅有。

強制住校這一點我很贊同，大學生誰不想離開家？我這個台中人偏偏考上台中的大學，本來就打定主意，無論父母怎麼說，我都要搬出來，沒想到東海要求大一新生都要住校，正合我意。

勞作教育就沒有這麼愉快了。創校的聯合董事會祕書長芳威廉曾說：「這所大學不是白領階級的養成所，不論男女同學都要養成勤勞的習慣，出了社會，才不怕髒物沾身。」這便是勞作教育的宗旨。

站在教育者的立場，這是很良善的立意；對於要去做勞作教育的學生，卻叫苦連天哪！

大學一、二年級的學生都要做「勞作教育」，每週一到週五，每天三十分鐘，整理校園。勞作教育不以系所、性別來區分，而是跨學院，讓學生有機會跟其他系所的人交流。

勞作教育每天都會點名，還要打分數，六十分及格，七十分以上才可以申請獎學金、交換學生，連教育學程都被綁在勞作教育裡，沒有七十分就不准選修，真的很嚴格！勞作不及格要補修，修到及格才可以畢業，有同學不肯服從，抗議到大四，最後為了畢業，還是硬著頭皮來勞作。

別以為勞作教育很簡單，東海那麼大，無事閒晃很浪漫，要打掃校園就欲哭無淚了。最慘的是分配到東海湖，又遠又冷，冬天掃早班，七點就要點名，從男生宿舍走過去要半個小時，為了不遲到，六點就要起床，頂著寒風，穿過溼冷森林，臉被冷風刮得好痛，真的會心生殺意。我就曾經被分配掃過東海湖。

每一年都有學生抗議，要廢除勞作教育，連大一新生盃辯論賽的題目都是「東海大學應廢除勞作教育」，校方每年都笑著鼓勵我們盡情思辨，卻繼續堅定立場。

我年輕時也曾反抗，可是隨著年齡漸長，慢慢體會勞動的好處，它讓人對世界

01

02

01 參與野百合學運時期，「人間工作坊」的幹部們。
02 在學生活動中心外的林蔭大道上，有一道長長的海報牆，功能類似「民主牆」。

有不同的觀感，對校園有更深的珍惜。校方想要教育東海人更深刻的「勞動哲學」，德國的教育也有手作跟勞動的設計，連博士生也要實作，不能只有做學問，而是要勞動身體，唯有如此，才能平衡智識的訓練。

林蔭抗議大道，學生的正義之聲

除了強制住校和勞作教育，東海校風其實是開明的，在學生活動中心外的林蔭大道上，有一道長長的海報牆，學生們可以張貼海報，宣傳活動，也有點像「民主牆」，各種社團活動、社會議題都有。野百合學運時，我曾經在那裡張貼情緒激昂的海報，不過碰到同學生日，我們也會貼海報慶生，開心一下。

我大學一年級時和一群志同道合的同學，成立了「人間工作坊」。我們常在社團辦公室舉辦讀書會，吸收大量理論，除了挑戰當權者，也藉著反省讓自己的面貌更加清晰。我們大談理想，論述國家機器的本質，弱勢者該如何翻身。從野百合學運到工、農、原住民、環境議題的陳請抗議，我們社團都積極參與。

參與學運，除了追求正義，更像是年輕的生命在尋找出口，讓我們成為有獨立思考能力的個體。當年的學運份子可不風光，我們邊緣到不行，還會被教官、行政人員關心，被記過處分，甚至被同學孤立。

我很幸運，歷史是一門思辨的學科，所以大家不會視學運份子為異端。此外，我還有一群感情極佳的同學，他們不激進，但很有同學愛，同學參與學運而漏上的課，他們總會貢獻完美的筆記。甚至抗爭活動人手不足時，他們都可以短暫地支援一下，當兼職學運份子。因為同學們知道，我們做的是對的事情。

東海從創校至今，都鼓勵思辨，期待培養出有獨立思考能力的學生。這是我對東海深深著迷的另一個原因。

東海人有一種謙卑，是面對生命、面對宇宙的謙卑，這表現在學院建築中，我們的校舍不追求宏偉雄大，而是自成天地，隱身在自然裡。

東海人也有傲骨，不輕易對政治低頭。大學校園是追求真理與知識的殿堂，沒有任何意識型態可以超越對真理的追尋。我每次回到東海，都能重新發現這份驕傲與謙卑，不管我是立法委員，還是立法院副院長，校園裡認識的教職員看到我，就像看到尋常的畢業生一樣，閒話家常，這讓我很感動。這就是我的母校啊。

我的青春，遺留在東海

只要一回到東海，我就彷彿被附身般，很魔幻寫實地，有好多好多舊靈魂跑出來。

大一初嘗戀愛滋味，覺得東海真美，愛情真美，校園裡每一個角落都那麼適合談情說愛；大二失戀了，那些曾經讓我心靈悸動的美好，都變成疼痛，每一個角落都讓人傷心。

文學院

在東海有太多美好的青春回憶。住在男生宿舍時，門外就是一片小草坪，假日很多人喜歡來這裡野餐。偏偏男生宿舍的廁所在外面，得穿過走廊才能刷牙洗臉上廁所。週日中午，我們半睡半醒，蓬頭垢面穿著內褲走出房門，一抬頭發現門外的草地上的大人小孩，我們常常驚慌失措，馬上用臉盆遮住重點部位，衝去廁所。

我人生最美好的歲月，就是在東海。第一次當班代成為焦點人物、第一次戀愛、第一次失戀、第一次參與學運、第一次對生長的土地有深刻的感情……。

歷史系畢業後，我繼續讀歷史研究所，攻讀台灣史。當年，台灣史非常非常小眾，甚至有教授直言：「台灣史那麼短，有什麼好研究？」我不這麼認為。唯有認識自己的土地，我們才能走向遠方。找到起點，才有方向，無根的人，只能漂流。

我從東海走向社會，把年輕的靈魂寄存在這裡。東海教育我、培養我，讓我成為獨立成熟的個體。

美麗的東海，是我靈魂永恆的居所。

東海旅遊指南

漢寶德說：「東海像一座修道院。」陳其寬則說：「東海的美，是在虛空間。」他當年曾經用水墨畫，為漫山雜草的大肚山，勾勒出一所大學的模樣，如今的東海，仍然處處留白，森林、小徑，以及四散的方院，成就了東海的獨特。

東海大學是由知名設計師貝聿銘、陳其寬，以及張肇康共同規劃設計。一九五四年，貝聿銘第一次來到台灣，從遠離塵囂的大肚山半山腰台地，眺望雲霧繚繞的中央山脈，東海大學的樣貌在他心中隱隱浮現。

只不過當西方來到東方，原本的設計

路思義教堂

圖也有了轉換。原先規劃的白洗牆，改成台灣常見的紅磚牆；文理大道旁的梧桐樹，也改為台灣常見的榕樹，蔓生開展的枝葉，將天幕烈日隔開；不同的學院，自成聚落，像台灣的三合院，也像西方的修道院，散落在森林裡。

最知名的路思義教堂，在創校的前十年，是校園裡最高的建築物，儘管是一所基督教大學，教堂卻仍謙遜地避開文理大道的中軸線，退身到旁邊的草坪。

路思義教堂的雙拋物線設計，更突破了當年的建築工法，也是西方表現主義喜愛的設計，金黃色的屋瓦，卻又呈現了東方元素。直到今日，路思義教堂仍然是東海大學的地標。

另外，校長室的設計，也有深意。從校長室遠望，會先看到男生宿舍群，最遠則可望見中央山脈。這樣的設計，也是在期待東海的每一任校長，都擁有開闊的胸襟。看得遠、看得長，才能走出不一樣的格局，創造不一樣的大學風氣。

相思林

一東海橋上徘徊的女孩一

除了核心區，東海大學還有相思林、女鬼橋、東海牧場。山坡地形的校園，較高處是一片相思林，穿過相思樹林，就到東海夜市。學生們一到傍晚就成群地穿越相思林，去東海夜市覓食。

相思林也有故事。傳說只要過了凌晨零點，樹林間就會傳來女孩的啜泣聲，接著會聽到女孩聲音問來往的人：「現在幾點？」正確回答出時間的人一定會生病。故事版本不一定相同，但一樣恐怖。東海大學的學生要吃宵夜都得趕早著吃，不敢混得太晚，要真的晚了，膽子小的寧願繞路也不走相思林。

東海鬼故事不只相思林，還有靠近男生宿舍的女鬼橋。鬼故事的真假，無人可以證明，但似乎是大學校園必備元素，東海的傳說甚至被翻拍成電影《女鬼橋》，更增加了詭異陰森。

校園最靠近台中市區的就是東海牧場，喝東海鮮乳、看看小動物，是孩子的最愛。

古典玫瑰園創始店。

東海古典玫瑰園

所有的結局都已寫好
所有的淚水也都已啟程
卻忽然忘了是怎麼樣的開始
在那個古早的不再回來的夏日

——席慕容〈青春〉

古典玫瑰園的創辦人黃騰輝，是蔡其昌東海的學長，也是他的好友。講起古典玫瑰園的創辦，他吟起席慕容的詩，〈青春〉，一切的緣起都已忘記，在那個古早的夏日，等到回過頭看，才發現自己已經走了那麼遠，那麼久。

黃騰輝是個理想主義者，是成功的企業家，但他更喜歡當個藝術家。儘管旗下已經有「古典玫瑰園」、「先喝道」、「Rose House café」，是台灣第一的英國茶品牌，但是他對藝術的熱愛，以及在藝術領域的成就，不亞於品牌經營。

他畫的玫瑰，被國際VISA信用卡採用，是華人第一；英國威廉王子大婚，以及伊麗莎白女王登基六十年的紀念瓷器，都有他所繪的玫瑰花。

一九九〇年，黃騰輝在下午茶餐飲還很稀罕的年代，在東海別墅的理想國社區旁創辦古典玫瑰園，整間店以玫瑰為圖騰，現採玫瑰花的香氣更是瀰漫店中。他規

01　古典玫瑰園創辦人黃騰輝，是理想主義者、是浪漫的企業家，更是個藝術家。

02　英國威廉王子大婚的紀念瓷器上，有黃騰輝所繪的玫瑰花。

DATA

古典玫瑰園 國美館店
地址：台中市西區五權西路一段 2 號
電話：04 3507 0600

定進店裡要脫鞋、講話需輕聲細語。當時古典玫瑰園帶起西式古典茶飲的風潮。

到古典玫瑰園喝下午茶，更像一種朝聖，特別對於隨意習慣了的東海學生而言，總覺得有一種異教徒的扞格。蔡其昌在學生時代並不喜歡古典玫瑰園的儀式性，卻仍被那種氛圍引吸。沉浸在玫瑰香氣中，再煩躁的心，都能隨著花香安靜下來。認識黃騰輝後，蔡其昌才告訴他：「古典玫瑰園是東海男生的告白勝地，去古典玫瑰園成功率會上升。」

講起用玫瑰作為店名及圖騰，黃騰輝說：「一切都是因為我太愛《小王子》這本書。在小王子的星球上，有一朵獨一無二的玫瑰，那是小王子所愛的，牽掛的玫瑰。書裡對玫瑰的訴說太美，所以當我想要做一間咖啡館時，第一個想到的，就是小王子的玫瑰。」

古典玫瑰園的招牌「威廉下午茶」，就像王子與公主的傳統英式下午茶，一共有三層，從下層往上吃，下層有鹹派、英式三明治；第二層有英國司康、特製玫瑰醬；最上層則是特製的英國甜點。配上英式花茶，或者玫瑰奶茶，一入口，滿嘴芬芳。

招牌的威廉王子下午茶，單人與雙人的價格不同，詳情請店洽。

到古典玫瑰園喝下午茶，就像走進一首詩。陽光灑在紅絨布上，紅玫瑰在桌上仰頭挺立，那是一朵玫瑰所能擁有的，最驕傲的姿態。在這裡，玫瑰是主角，我們是環繞著花朵讚嘆的配角。

蔡其昌也大推的台中國美館店，這是他最常去的店。他說：「美術館加玫瑰園，是最優雅的享受。」

★ ★ ★

其昌大推薦

鬆餅

在鬆餅翻出各種新派做法時，古典玫瑰園的傳統英式鬆餅，一直維持古典口味，也是死忠粉絲最愛的一道甜點。外酥內軟的鬆餅，淋上蜂蜜，是最經典口味；喜歡豐富的，可以點水果鬆餅，滿滿的水果上頭擠幾朵鮮奶油，再淋一勺巧克力醬，如果此時還想著減肥，就褻瀆了這份鬆餅。

司康

傳統英式下午茶，必須有司康。烤得綿密生香的司康，放在三層點心盤的中間，旁邊擱著奶油和蜂蜜。古典玫瑰園更講究，蜂蜜裡調和了玫瑰花，落下幾片玫瑰花瓣，配上一口喜愛的茶飲，那一瞬間，再平凡的女孩都會變成公主。

脆餅

到古典玫瑰園想吃點鹹食，不妨試試脆餅。喜歡起士味濃厚的，可以吃「普羅旺斯脆餅」，兩層餅皮中間，夾著滿滿的煙燻起士，香氣濃郁；想吃清爽些的，可以來份「瑪格麗特脆餅」，新鮮蕃茄配上水牛起士、羅勒，是古典玫瑰園的當紅鹹食喔！

伯爵茶

伯爵茶是全世界最流行的紅茶調配茶，也是英國皇室非常喜愛的茶品。古典玫瑰園的伯爵茶是由英國製茶大師 Mr.Timothy Clifton，以錫蘭頂級紅茶為基底，加入天然佛手柑調配，香氣濃郁，在古典玫瑰園有著無法取代的地位。

東海蓮心冰雞爪凍

東海別墅夜市裡的蓮心冰，不但東海學生知道，在台中也是名店。

東海雞爪凍最早是以創意冰品「蓮心冰」起家，綠豆沙為基底，配上花豆、紅豆、冰淇淋，很快就成為東海學生的夏日聖品。可是冬天太冷，沒人吃冰啊，老闆朱榮貴守著空蕩蕩的店鋪發愁，他念頭一轉，不如做「滷味」，方便又好吃，這才有了後來的東海雞爪凍。

東海雞爪凍有個特色，許多滷味都強調老滷汁，東海雞爪每天用中藥材製作新鮮滷汁，成桶成桶的滷好後，放置一晚入味。

東海的雞爪凍，真的非常夠味，連骨髓都入味，咬起來鹹香帶辣，一盒七隻，一下就啃光。東海雞爪凍也不只賣雞爪，還有招牌毛豆，新鮮毛豆用蒜頭、香油、胡椒、滷汁一起滾，每天都要滷上十幾盆。還有

招牌的雞爪凍 7 隻 45 元，
蔡其昌推薦的毛豆一份 30 元。

DATA

東海蓮心冰雞爪凍直營店
地址：台中市龍井區新興路 1 巷 1 號
電話：04 2632 0182

豆乾、鴨翅等滷味。

這裡還有一道隱藏美食，小魚乾。丁香魚長條剖半，拌入大量薑絲、些微紅辣椒、紅油，非常非常美味，單吃下酒，或者配稀飯，都很夠味。連不是主打菜色的小魚乾都做得這麼細膩，薑絲給得非常充足，調味很有層次，何況主菜。

東海雞爪凍不做加盟，也不開分店，想吃就得到東海吃。感恩網路無遠弗屆，加點運費就可以吃到。不過站在店裡的大冰櫃前，豪爽地把愛吃的美食全部掃進小提籃的爽感，還是難以取代。

蔡其昌不愛吃雞爪凍，但喜歡這家店的毛豆。不愛吃還推薦？因為太多他的朋友喜歡。

正宗程傳統福州包

學生聚集的街區，總會有一攤福州包或者生煎包，簡單的蒸煎台，擺滿白胖胖的包子，裡面塞滿絞肉、高麗菜，或者加點粉絲，挨個放好，半蒸半煎，最後淋上麵粉水，乾煎一下，講究的還會灑點白芝麻，增加香氣。

福州包一盒 5 顆 30 元

學生的吃食，不能太貴。福州包一顆從三元、五元，到現在一顆七元，一盒五顆起跳，五十元有找，一邊呼著熱氣，一邊大口吞掉一個福州包，吃飽又是一條好漢！

東海夜市的正宗程傳統福州包，也是學生熱愛的美食，滿滿的肉餡、加上高麗菜、粉絲，還有澱粉，該有的營養都有了，底部又煎得香酥，難怪能在東海夜市屹立不搖。

大學生吃飯也不來清淡養生這一套，必須得油膩香辣，最好添一些蒜蓉。這家福州包的醬料有甜辣醬、蒜味醬、辣椒醬，可以選擇A，甜辣醬＋蒜味醬，或者B，三種醬一起來。既然可以通來，那又何必客氣，豪爽淋上去，趁熱消滅吧！

可是，眾人豪爽享用的福州包，對蔡其昌來說，卻藏著一段傷感回憶。他大學失戀的「養傷」時期，想躲起來，免得見人傷情，常常買一份福州包，孤獨地躲在寢室吃，享受曾經滄海難為水的孤寂。他自嘲：「這福州包有傷心的口感，也有撫慰的味道。」

正宗程傳統福州包
地址：台中市龍井區新興路東興巷1號

東海刈包大王

蔡其昌從小不喜肥肉，卻愛吃刈包，所以每次都要叫老闆給瘦肉。沒有這種服務的店，他只好放棄。

雖然逢甲夜市的名氣比東海夜市還大，不過在刈包這件事情上，東海夜市可是大大地揚眉吐氣了！「東海刈包大王」不只在東海賣得嚇嚇叫，還反攻逢甲，甚至嶺東、黎明、沙鹿都有分店，連台中市的大墩路都有分店。

東海刈包大王的創意，讓人讚嘆。老牌刈包比的無非是白嫩的麵皮、軟爛的五花肉、鹹香的酸菜，頂多讓人選個全肥全瘦，能夠做到極致也就如此了。但台中人的飲食創意，是不會被傳統侷限的。

東海刈包大王的主菜從五花肉、滷牛肉、雞腿排，到火腿、培根都有，想吃簡單的，可以點個荷包蛋刈包，一份才二十五元。如果就是愛浮誇，多加五元，可以加培根、火腿，或者起士，保證吃到撐。

五花肉刈包加蛋
50元

DATA

東海刈包大王 東海總店
地址：台中市龍井區台灣大道五段3巷49號
電話：04 2652 3686

東山鴨頭大PK

每個夜市一定要有的，除了炸雞排、鹹酥雞、手搖杯之外，就是東山鴨頭了！用中藥材跟麥芽糖（或冰糖）為基底，將鴨頭、鴨翅、鴨內臟、跟豆乾、海帶、鵪鶉蛋滷過後再酥炸，遠遠就能聞到香味啊！

跟鹹酥雞相比，東山鴨頭因為製作繁複，價錢也更貴些。雖然貴，可是東山鴨頭酥酥香香，鹹中帶甜的滋味，真的很難抗拒！

東海夜市的東山鴨頭就更厲害了。到東海夜市要買東山鴨頭，還會被問：「你是傳統派？還是柳丁派？」據說連校園情侶都各有所愛，各不退讓！

原始老店「品饌東山鴨頭」，原名「德記」，位置在新興路的三角路口，往裡走就是東海蓮心冰雞爪凍，位置絕佳。品饌堅持傳統調味方式，滷得相當入味，又炸得很酥，再用脫油機去油，吃起來酥而不油。

招牌的鴨頭自然是好的，一剝開，連鴨腦都帶著鹹香，每一根肉絲都是香的，也太入味了吧！另外一個招牌是肥腸，外皮香酥，卻很神奇地保留了肥腸的軟嫩；

DATA

品饌東山鴨頭
地址：台中市龍井區新興路屈臣氏對面
電話：0919 828 272

DATA

東海東山鴨頭—柳丁鴨頭專賣店
地址：台中市龍井區台灣大道五段 3 巷 32 號
電話：04 2632 7877

招牌的整支鴨頭
50 元

鴨輪骨不容易買到，品饌就有，腳筋的部分很Q，咬著咬著，東山鴨頭特有的香酥鹹甜一波波襲來，真是好吃啊！

柳丁東山鴨頭雖然是後起之秀，也闖出名號，而且店名就叫做「東海東山鴨頭」，頗有踢館的氣勢。如果說品饌是大人的口味，柳丁鴨就是東山鴨頭界的「少女」了，同樣的滷而後炸，柳丁鴨滷的口味比較清淡，起鍋後還會放柳丁醬，吃起來酸酸甜甜，像少女羞澀的微笑，甜蜜、勾人，卻又微酸。

下次到東海夜市，記得兩家一起買，然後再來站隊，成為「老饕傳統派」，或者「少女柳丁派」。

蔡其昌在東海念書時，東山鴨頭在東海別墅夜市剛興起，沒有這麼複雜的「門派」，每逢同學慶生，它是必備食物。兄弟間高興喝酒、難過喝酒、莫名其妙喝酒，它總會自然出現。

真令人想念的東海時光！

我的台中 TAICHUNG 青春紀事

CHAPTER 6

大里太平天山部隊的鍛鍊

我的人生似乎離不開台中。考大學時想離家越遠越好，沒想到考上東海，幸好後來可以搬到宿舍；當兵抽籤，有很大的機率離開，結果又留在太平。我跟台中的緣分真是太深了。

不求神佛，用策略戰勝籤筒

當年當兵是很苦的，時間又長，當兵在何處？當什麼兵種？負責什麼工作？都關乎當兵期間是「硬」或輕鬆，而這些問題都要靠抽籤解決，因此每一個役男要抽籤前都會去廟裡拜拜，我什麼都沒有拜，直接去抽籤。我不靠神，靠策略！

由於我是預官，所以我的第一關就是抽兵種。我到了抽籤現場打開所有雷達，用心觀察，每一個細節都不放過。現場有上千名預官要一起抽籤，戰鬥兵科的名額占了九成以上，後勤兵科大約只占五%，非常稀少！而後勤兵科，就是大家眼中的「肥缺」。

我觀察到籤筒非常小，卻要放一千支籤。籤放進去前，都會念一次「兵種」，以示公開透明。先放補給，運輸這些後勤兵科，接著放入占大多數的步兵、裝甲等戰鬥兵科，總之比例非常懸殊。大家都想抽中極少的那幾支籤。

我看著籤筒想：「這麼小的籤筒，放一千支籤，真的晃得動嗎？那些先放的後勤兵種，應該還是在最下面吧？」

我碩士念了三年半，所以寒假就畢業，比別人還早半年，先畢業先抽籤。我前幾個就被唱到名字，我把手伸得好長，伸到最下面，抽了一支籤，賓果！我果真抽中後勤兵科的運輸！不是靠神明，是靠腦袋啊！我高興得在內心狂歡吶喊，尤其看見其他人羨慕的眼神，爽度更高。

預官訓在土城的運輸兵學校，果然舒爽，大部分的時間都在教室上課，其餘都在車廠實習，戴鋼盔、拿步槍，在太陽下出操的機會少之又少。受訓完才要抽部隊。後來我才知道，抽中什麼兵種不重要，重要的是抽中哪一個部隊，那才是天堂地獄的差別，畢竟有一年半以上的時間，都要待在部隊。

我的好運似乎在第一次抽籤時用完了。結訓時抽部隊籤，我竟然抽中超硬的獨立裝甲旅，七十三旅，天山部隊，在台中太平的竹仔坑。天山部隊是作戰部隊，也是戰爭的第一線，只要敵方從中台灣登陸，我們就得即刻應戰。天山部隊的訓練非常非常精實，對體能跟戰技的要求也相當嚴格，說穿了就是苦啊！每天都操得半死！

我才在天堂待了三個月，其他時間都必須在地獄。

戰技鍛鍊，我們才不是娃娃兵

我在部隊還有一個「特殊回憶」，與其他人不一樣。由於我大學時代就投入學生運動，還參與野百合學運，所以早就被貼上標籤。

下部隊的第一天，旅長就單獨在辦公室接見我。這是跨級接見，很不尋常，連長很緊張，我也不安地想起參加學運的學長當兵被狂操的慘狀。可是旅長非常親切，先關心我高血壓的問題，後來更叮嚀我，有事或有什麼不滿可以隨時直接找他。旅長的開明與善意，讓剛下部隊的我感到很溫暖。

只不過我在部隊的工作還是受到學運影響。我本來是少尉，在汽駕隊當區隊長，大隊長是旅部的運輸官學長兼任。平時隊上事務就我和中尉副隊長二個軍官包辦。副隊長退伍後，大隊長告知我，在新的副隊長報到前，我必須兼副隊長，但不久他又很為難地告訴我，他不知我在大學的「輝煌紀錄」，他說：「我不知道你大學時這麼勇敢參與學運，這樣不能當副隊長，因為隊長、副隊長都是主管級。」應該是擔心我帶兵起義吧？於是我繼續做我的區隊長，副隊長只好由大隊長自己兼任。我並不在意職位，只是幫不上忙，對學長不太好意思。

除了這幾個小插曲，我在部隊就跟其他人一模一樣。我們的旅長嚴格又公平，他以身作則，每天清晨都在司令台上陪我們跑步。他還特別要求連長戴紅色帽子、輔導長戴黃色帽子，跟我們一起跑，而且一定要跑在最前面。戴上帽子的連長、輔導長超級明顯，想偷懶都不行了。

放假時，旅長還會把重裝備搬出來，要留守的軍官跟他比賽。按照道理，留守是不能放假的，但是如果你打靶打贏旅長，他就讓你放假！為了放假，大家拚了命也要打好啊！

剛下部隊時，我本來很哀怨，為什麼會抽中這麼苦的天山部隊，老天爺為什麼要這樣對我？如今回想，我還真的從當兵經驗中學會不少事。例如，當兵前我們曾認為國家的軍隊是娃娃兵，現在我會很不服氣地跳出來辯解。旅長以身作則的表率，不但更讓我對軍人的形象大為改觀。更重要的是，它訓練砥礪我的心志，讓我學會如何在陌生困難的環境下，自處求生。

我始終相信人生「變」才是真理，世間事的變數太多，變動隨時可能發生。面對外在的變化，必須有一顆不變的心，才能安然度過，禪宗所言「看顧內心」，便是這個意思。想要在變動中自處，必須通過更多的淬鍊和考驗，我當兵過程中的峰迴路轉，就是在練習「變」與「不變」。

大里、太平 旅遊指南

施雜貨

施雜貨是一家很「做自己」的店。它是雜貨店，賣各種醃漬品、創作品和手作洋裝；它也是餐廳，小小的，只有四張桌子，每天菜色不一樣，預約才有得吃，不管你點杯咖啡，還是享用午餐，都可以完整地擁有一張桌子，不用併桌，更不會催促你。

翻桌率、提袋率，都不是施雜貨在意的，他們更關心你有沒有好好吃飯？能不能好好享受這個空間？

施雜貨的「前身」，是一間修車廠，黑手老闆赤牛仔（施洽樑）帶著太太阿默（周嬌娥）一起修車，沒有請學徒，老闆娘就是學徒。兩人只顧著打拚事業，毫無生活品質可言。

阿默跟赤牛仔出身窮苦人家，赤牛仔很小就做黑手賺錢；阿默國中畢業後，做過成衣廠女工、甚至去幫傭。婚後開修車廠，經濟好過了，日子卻過得不好，每天關在充滿汽油味的工廠修車。阿默纖細敏感，對生活充滿創意與熱情，做了二十六年的黑手後，她渴望自由，想要好好生活。

阿默喜歡爬高山，從前都跟朋友爬，後來她「潛移默化」改變赤牛仔，每個禮拜多放一天假，去山裡走走。慢慢地，她找赤牛仔上山的頻率越來越高，甚至還在鹿谷買了一塊地。每次出遊，阿默都在修車廠貼紅紙條，寫著「家有喜事」。夫妻一起享受山林樂趣，當然是天大喜事！

店門口的陶甕安靜地提醒訪客，勿忘「好好生活」。

上山不夠，她還把腦筋動到修車廠，說服赤牛仔把蓋了鐵皮的天井打開，反正那只是修車廠的一部分，打開來空氣才能流通，光線也好。可是光來了，雨也來了，只要一下雨，就得撐傘修車，阿默哈哈大笑：「我自己搞的，撐傘也甘願。」

開了天井不夠，她還把修車廠的出入口給改了。她想弄片有氣質的木窗，正好作鋁門窗的朋友淘汰了一批木窗，她搬回來用心打磨後發現，是漂亮的紅檜！木窗下的紅磚，是附近小學不要的，他們撿回來砌成矮牆，配得正好！

修車廠漸漸地被鯨吞蠶食，赤牛仔不是不知道，但太太辛苦一輩子，該讓她過點想過的生活了。正好二女兒歐芫會做烘焙、女婿博堯會煮咖啡，赤牛仔不修車後，把廢料拿來創作，太太想要一盞燈，他就用汽車五金做燈；女兒想要椅子，他就做一張獨一無二的椅子。四人各有所長，加起來正好可以成為一家店。

施雜貨在二〇一五年誕生了。店裡的醃漬物都是阿默做的，從酸筍、果醋，到梅子，一甕一甕都是寶貝；手工衣服最早是阿媽做的，阿默年輕時在成衣工廠上班，也有點底子，能做出漂亮洋裝，她們用阿媽的名字「施鄭素月」當成「品牌」，繡在衣服裡；施雜貨的食材，都來自熟識的小農，那些用愛照料長大的食材，本就

店裡的醃漬物都是老闆娘阿默做的，包括酸筍、果醋和梅子，全都是寶貝。

香甜，加上阿默巧手加入自己的釀造物，滋味更豐厚。

施雜貨的誕生，源自對「好好生活」的渴望，它不只為了客人存在，也是為了老闆而存在。施雜貨的營業時間從早上十一點半到下午三點半，每週公休兩天。不開店的時間，他們釀造、縫衣、烘焙、創作，以及好好吃飯，好好生活。

對市區而言太平有點偏，施雜貨有點個性，但如果你對生活迷惘，或只是想好好吃一頓飯，那就來吧，這裡的每一樣物品、每一道食物，都充滿故事，都如此美好。

店內一角陳列的手工衣服，是夫妻倆用阿媽的名字「施鄭素月」作為品牌製作的。

DATA

施雜貨

地址：台中市太平區中山路二段 261-1 號

電話：04 2392 5885

隆肉圓

隆肉圓已經傳了三代，開業超過五十年，是太平有名的老店。隆肉圓個頭比較小，學問卻很大，內餡的肉丁堅持用台灣溫體豬後腿肉；麵皮調製得比較軟，入口就化了，老人跟小孩都很喜歡；醬油加了油蔥跟調味料後，重新煮製，不死鹹。

除了肉圓，肉羹湯也是一絕，很多客人會專程來吃一碗肉羹。肉羹同樣用後腿肉條，吃得到肉香，不會只有碎肉或肉漿，湯底是高湯加柴魚一起熬，堅持不加味精。

小小的隆肉圓，有很多堅持，老老闆說：「拿半成品來做，很輕鬆，也比較好賺，可是好不好吃客人都知道啦！不好吃，一下就倒了，有什麼意思！」

原味肉圓 40 元

太平（隆）手工肉圓
地址：台中市太平區中山路三段 118 號
電話：04 2393 8891

菩薩寺

大里永隆路上，車來車往，非常熱鬧。但只要有心，就會看見一棟種滿植物的清水混凝土建築，它謙卑後退，空出更多空間，給路過的人。它在路邊種老梅樹，樹下有生了青苔的大石頭，往來的人可以在樹下乘涼，把心靜下來。

把心靜下來後，你會聽到水聲，來自梅樹後的

與自然共生的大里菩薩寺，入口處已吸引人目光一亮。

那堵牆，那是一面水瀑，爬滿植物，水瀑下是蓮花池，池裡倒映著你，與佛。

這裡是「菩薩寺」，推開斑駁木門，裡面有佛。

庭園小徑旁的指示牌寫著：「照顧腳下。」這是禪宗的參話頭，提醒人們：「看顧內心，別向外求。」我們哪，總是汲汲營營想去遠方，去追尋遙遠的光亮與夢想，卻忘了看顧內心。我們活得虛妄，遺憾過去，憂慮未來，卻忘了活在當下。

走進寺廟，到處有佛。樹下有佛、牆上有佛、樓梯轉角有佛，二樓的菩薩殿自然有佛。菩薩殿開了一扇大窗，窗外又是大樹，樹影飄搖，光影來去，展現了日常與無常。

綠意充滿每個角落。

三樓的教室，不講經時開放讓民眾抄經。無論多麼煩躁，深呼吸幾口氣，把心安住在《心經》的一字一句上。你有多久沒有遠離吵鬧，遠離手機，安靜專注地跟自己在一起？

這裡是寺廟，卻不像寺廟。沒有雕樑畫棟，不刻意追求莊嚴，佛卻無所不在。這裡有樹，佛陀在菩提樹下開悟，也在樹下傳法，這就是最原初的本來面目。

建造菩薩寺時，建築師何傳新曾經問住持慧光法師，想要一間什麼樣的寺廟？慧光法師說：「佛法無邊、無相、無形。」

菩薩寺把空間都留給樹，留給光，留給每一個推門進來的人，佛法是樹梢輪轉的一瞬之光、是蓮花池的花開花謝，是腳下的每一步。

DATA

菩薩寺
地址：台中市大里區永隆路 147 號
電話：04 2407 9920

菩薩寺裡的佛像，無所不在。

CHAPTER

—7— 大肚山 情繫台中南海線

龍井和大肚很特別，因為地理上這兩個行政區一部分在大肚山上，一部分在海岸平原，所以大肚、龍井在海邊，也在山上。

我和台中的山線感情深厚，因為在東海念書，有名的東海別墅生活圈就是龍井、大肚的山上，大二搬出學校宿舍一直到研究所畢業，我就一直住在這裡。學生時期騎著我的兜風五〇摩托車，穿梭在這裡的大街小巷，吃遍了各種小吃。

我們喜歡到附近自強市場採買火鍋料，因為傳統市場種類多、價格也便宜。吃火鍋簡單方便，白水煮滾加泡菜罐頭就成了泡菜鍋，加柴魚高湯料理包就成了海鮮鍋，再搭配肉片、青菜，加牛頭牌沙茶醬，就覺得這是人間美味。因為我們這群青春無敵的同學們總是喜歡找各種理由來慶祝，某人生日、期中考結束、心情大好、心情不好，反正大夥能聚在一起就好。

這些年，每次到這裡，就想念那些日子，那些人。

大肚山上的稜線就是遊園北路和南路，南路一路下去是烏日，而在這稜線上有看夜景的聖地——東海古堡，說望高寮大家比較熟悉。說是「古堡」，事實是二戰後期日本人建的軍事雕堡，大學迎新活動，學長姐總喜歡帶新生來這裡，當然一定會伴隨一大堆的靈異傳說，因為恐懼，就會讓新生拉近距離，相互看顧，於是那種新同學之間的生疏感就少了，真是很棒的點子。

這裡也是約會的聖地，放眼望去萬家燈火，細緻地勾勒出台中海線小鎮浪漫的夜晚，我也曾經載心儀的對象來到這裡，奔馳的摩托車劃破寧靜的山路，風涼涼的，心卻熱滾滾。後座緊抱著我身軀的雙手，總讓我覺得遊園南路是一條開往幸福的道路。失戀時，我也會一個人到這裡，在萬籟俱寂的夜晚，凝視發呆，此刻，總覺得望高寮一點同情心都沒有，因為夜色依然那麼燦爛。

望高寮白天時的景色，與夜晚截然不同都各具風情。（shutterstock 提供）

婚後，偶爾老婆也喜歡約我來這裡，牽著手看著相同的燈火。她是小我七歲的東海學妹，在學期間我們不認識，對於東海人口中的「東海古堡」卻有相似的經驗和回憶。她從不問我曾經和幾個女生來過這裡看夜景，有一次換我忍不住問她：「妳條件這麼好，大學時候難道沒有男生約妳來這裡？」她微笑地回答：「沒有ㄟ。」接著我問：「那妳想不想知道，我有沒有和其他女生來這裡看夜景？」她被我牽住的手，突然稍加用力：「抓不到的絢麗，不如握在手心的平凡。」老婆回應我。

我很得意，娶到一個這麼有智慧的老婆。

大肚、烏日尋味指南

新上海點心

開在街邊小小的新上海點心，外觀瞧著只是普通的包子店，你若因此小看它，那可就遺憾了。新上海點心的包子、花捲，可搶手了，晚去還沒得吃。

店裡包子皮全都是手擀，不像冷凍包那麼大一個，麵皮卻更扎實，有嚼勁，還有麵香。內餡也很強大，鮮肉包完全沒有豬肉的腥氣，調味得恰到好處，跟各地深受青睞的人氣名店都有得比。芋泥包吃得到些微的芋頭顆粒，豆沙包意外地帶著棗泥香氣。

想喝湯，除了上海油豆腐細粉外，台灣常見的酸辣湯也很好吃，料多實在，調味夠酸夠辣，如果想要重口味，直接跟老闆講，酸辣都能加。

每天下午，老闆一家都在店裡包餃子、包子，每一口好滋味，都是一個一個捏出來的。無法大量製作的純手工，非常珍貴，也很稀有，老話一句，想吃趁早！

DATA

新上海點心
地址：台中市烏日區中華路 493 號
電話：04 2338 5996

同場加映

品香手工肉包
地址：台中市大肚區沙田路一段 813 號
電話：04-2693-6234

五〇年代美食

在烏日的「五〇年代美食」，餐廳雖然只開了二十幾年，店裡懷舊的氣氛，招牌的香腸、紅燒肉，還有津津滷筍汁、彈珠汽水，卻都是五〇年代的味道。

店裡的擔仔麵夠傳統，冒著油脂的湯頭、漂浮的油蔥酥、青綠的韭菜，配上黃麵，不用要什麼花招，這就是最棒的擔仔麵！加點一份滷魚肚，濃濃的醬油香，配上薑絲，那就是外婆家的味道啊！

除了麵跟魚，一定還要來份招牌雙拼，紅燒肉用的是無肥肉的里肌部位，薄而香；手工香腸裡灌了些肥肉，增添油脂的香味！更重要的是，盤子上豪氣地扔幾個剝好的蒜頭，別顧慮了，都幫你剝好了，不吃嗎？

DATA

五〇年代美食
地址：台中市烏日區中華路 564-2 號
電話： 04 2336 6129

散發濃濃舊日風情的店面，以及手工香腸、紅燒肉、炸豆腐等等讓人瞬間墜入時光隧道的經典菜色。

（shutterstock 提供）

我的台中
TAICHUNG
青春紀事

CHAPTER 8

潭子 緣結摘星山莊

潭子的摘星山莊，很美、很浪漫的名字，一百五十多年（一八七一）前起建，蓋了八年才完工，兩進六護龍的傳統民居，形制宏偉、完整，與建者是清朝昭勇將軍林其中，這房子是他安享晚年的住所。

01

緣分，讓這古宅和二十八歲的我，產生了深刻的交集。一九九七年，這座典範級的傳統民宅在地主賣給建商後，建商決定拆除，部分林家後代和文史工作者開始奔走，希望保存。建商認為他花錢購入，若被指定為古蹟，將血本無歸，決定無預警連夜拆除，當時縣長廖永來才上任五天，縣長先派擔任祕書的我趕赴現場阻止破壞擴大，並立刻召開文資保存會議，火速公告摘星山莊為縣定古蹟，及時阻止這一場文資浩劫。

我永遠記得那天早上，我站在殘磚破瓦的現場，外右側護龍、山門、前間已遭挖土機破壞，古樸的摘星山莊還是靜謐莊嚴地矗立著，「右手」鮮血直流的傷口，也不能讓這位跨越幾個朝代的武將喊痛。

01 摘星山莊為台灣十大民宅之首。
02 全建築中最精美的第一進「樹德堂」。

空氣中，從破裂的古磚、杉木飄散出來的老氣味，百年的歷史現場有些詭異、荒謬，停在現場的挖土機，是乘坐時空器到古代行兇的殺手。

二十八歲的我，學歷史的我，剛到縣府上班的我，熱血沸騰的我，有點抓狂地想阻止這一切，守護住這台灣先民奮鬥的心血。相隔二十幾年，早已忘了當日說過那些激動言語，但一想起那情景，思緒依然翻攪。

幾年前，最小的女兒出生，我和太太一起帶女兒參加重建後摘星山莊的「抓週活動」。舊地重遊，看著入口處委外經營的陳設，摘星山莊被保存下來的歷史照片與報導，大兒子指著牆上不太清楚的照片大叫：「是爸比！」老婆和大女兒也圍過來觀賞，這是一段他們不太知道的歷史。「咳、咳……」我刻意清一下喉嚨，進入記憶的長廊，驕傲地敘述年輕歲月所幹下的「英勇事蹟」。

政治，是解決問題的工作，想在多元民主的制度下解決問題就要耐操煩，但不管你如何努力付出，還是會有一部分的人對你冷嘲熱諷。但當你的孩子用崇拜的眼神，認真聆聽的剎那，一切的付出就會變得值得。

當晚，感覺天上的星星特別明亮……。

摘星山莊的旅遊指南

摘星山莊是潭子有名的老宅邸，莊主林其中是清朝四品官員，清朝平定太平天國之亂的八大名將之一，戰功赫赫。

林其中三十一歲便卸甲歸田，過早退休，讓他的故事充滿更多傳奇。退隱江湖後，他在故鄉台中蓋了這座豪華宅邸，二進六護龍，建築用料、裝飾藝術、風水布局，盡皆考究。

摘星山莊每一個角落都有故事。林家是武將出身，江湖上難免有仇敵，防盜系統做得很嚴密。門樓有小孔可以監視往來的人，進到主屋，也有防盜孔，可以發動攻擊，守住最後一道防線。

一進莊園，先看見一片半月湖，除了防災、灌溉、治洪的功能外，也有風水深意。湖水是面鏡子，照耀門楣；半月也像拉滿的弓箭，圓弧朝外射箭，表示向外發展順遂。

裡屋的祭祀牌位也有故事。兩塊主牌位，以左為尊，祭祀王成助，他是林其中的養父，摘星鏢局的總鏢頭。傳說，林其中遇難時，王成助救了他，並且收他為養子，死後還把所有財產都贈與林其中。林其中功成名就後，不忘本，除了祭祀王成

第二進的正廳內，供奉著林氏祖先神位。

助，還把自己的傳世宅邸命名為「摘星山莊」。

武將世家，卻盼望後代子孫讀書習文。山莊中的許多剪黏字畫，都充滿對書香傳世的期許，比如一幅郭子儀畫像，就是希望子孫們能夠像郭子儀，文武雙全。

然而，再多的風水布局，殷殷叮嚀，也抵擋不住時代的改變，更無法讓老屋常新。一百年後，老屋雖然挺過戰爭轟炸、挺過地震，老舊的痕跡卻愈裂愈大，屋內漏水、管線凌亂，居住不易。一九九八年，部分子孫決定將老屋賣給建商，摘星山莊眼看就要拆掉了。

拆除前，前任縣長廖永來帶著蔡其昌等人一起搶救，情況危急啊！怪手來了，長輩跪在怪手前，不讓拆。怪手司機連忙下車，承受不起，不敢拆。最終，是剛宣誓上任五天的廖永來發布一紙公文，將摘星山莊定為古蹟，這才真正解除拆遷危機。「摘星山莊」的拆除事件，引起很多討論，保護文化資產的政策也有更縝密的思辨與落實。

01

02

01　進門樓後沿著小徑直行，左側為月眉池，前方則是懸有「文魁」匾的頭進「樹德堂」。
02　位於摘星山莊內的集合陶鍋咖啡，堅持古法陶鍋烘焙，讓所有人都能輕鬆享受咖啡的香醇與美好。

摘星山莊
地址：427 台中市潭子區潭富路二段 88 號
電話：04 2533 5688

重新整理的摘星山莊，又恢復昔日樣貌，半月池畔的朴樹、龍眼樹、荔枝樹，每到季節就開花、結子，枝頭燦燦；古法燒製的燕尾磚繼續承受老屋的重量，新磚不耐濕氣生出苔蘚，燕尾磚很爭氣地毫無老態。

兩側護龍不再住著林家後代，取而代之的是蒙特梭利學校，以及文創新店。第一個進駐的是「阿卡莎蛋捲」，濃濃的糕餅香，飄過穿廊；「集合陶鍋咖啡」，用陶鍋炒咖啡豆，喝了讓人沉醉；「鄭惠中布衣思月齋茶文化」，有茶香、布衣，和藝術；昔年的馬廄，也改為「將軍馬廄藝文展場」，不定期舉辦展覽。

潭子人把摘星山莊當成後花園，以前高不可攀的名邸，如今可親多了，沿著小徑散步，兩旁的桂花在開花時節香甜芬芳。蒙特梭利的孩子們在古蹟裡上課，在後院做養雞實驗，在歷史老宅裡長大學習的孩子，對事物的看法，會更深邃吧。

搶救老宅邸，不僅僅是要搶救建築物，更重要的是要透過老宅邸，為後來的子孫留下故事，也留下見證。

神岡社口，崑派犁記大月餅

台中人擅吃食，跟台南的傳統小吃不一樣，台中人喜歡創新，勇於嘗試，才會創造出珍珠奶茶。

但是，台中人也有守舊的一面，比如台中的傳統大月餅（綠豆滷肉椪），層次分明的油酥餅，包裹了滿滿的綠豆沙跟肉燥，柔軟的酥餅，配上鹹甜內餡，打敗很多新式糕點。

如同太陽餅，大月餅哪一家最好，各有擁護者。無論是台中市中清路上的「犁記」，或者社口的「犁記本舖」，甚至台中各區的傳統餅舖都可見它的蹤跡。

然而，台中人私下有一群人的最愛，卻是外地人不熟悉的神岡「崑派」！崑派不似兩家犁記那麼有名，店面更簡單，推開門進去卻能聞到好香的餅味，豬油酥餅的香氣騙不了人，有一絲油耗味都不行。大口咬下去，雪花般的酥皮在口中化開，如雪泥般的香甜綠豆沙也化了，接著才是主角滷肉上場！有點乾香的滷肉滋味豐厚，把所有味道巧妙地融合在一起，各有特色，卻又互相為好。

蔡其昌提醒，外地人心中想的「綠豆椪」，是包了綠豆沙跟滷肉的餅。但是台中的「綠豆椪」，是指以純綠豆泥製成的餅，「綠豆滷肉椪」則被稱為「大月餅」。千萬別買錯喔！如果不放心，請記得詢問店家。

另，社口犁記餅店創於清光緒二十年（一八九四年），其他地方的犁記是各自獨立經營，並不是分店。蔡其昌回憶，以前他住神岡時，每到中秋節前夕，開車經過社口，都會看到爆滿的排隊人潮，他的父親生前最喜歡犁記的綠豆椪，若不阻止他，一次可以吃二、三個，所以蔡其昌總說「綠豆椪有爸爸的味道」。有時爸爸會就近到沙鹿的上美餅行買綠豆椪，爸爸說：「這是平價版的犁記。」

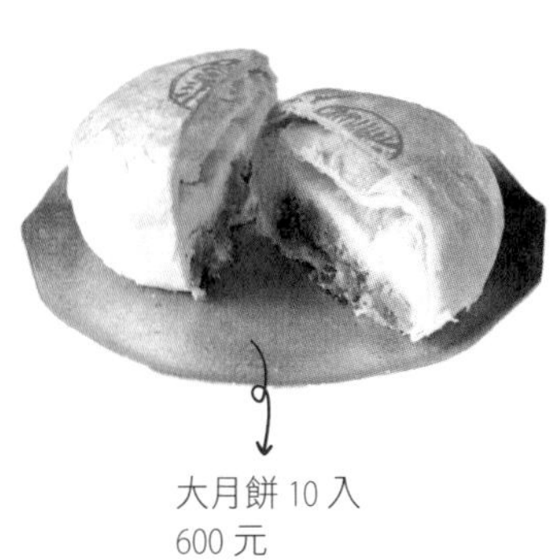

大月餅 10 入
600 元

DATA

崑派餅店
地址：台中市神岡區中山路 546 號
電話：04 2562 5575

我的台中
TAICHUNG
青春紀事

CHAPTER

9

豐原 如酒嗆烈的熱血青春

我曾經在豐原工作很多年，清水是我自幼長大的故鄉，豐原則是第二故鄉。如果說東海是我人生的啟蒙，豐原就是我歷練的開始。

后豐鐵馬道
東豐自行車綠廊
0.0K
豐后東豐
后

三民書局自三民路搬遷到中正路時，我和史哲、劉維鈞、劉子琦前去幫忙。利錦祥笑說這是大家尚未受到社會汙染的青春模樣。（利錦祥提供）

我曾經在豐原工作很多年，清水是我自幼長大的故鄉，豐原則是第二故鄉。

在東海念研究所時，我擔任楊嘉猷國大代表、田再庭立委的助理，常常往來豐原；後來廖永來就任縣長，找我擔任縣長祕書，兼台中縣工業策進會總幹事，在我三十歲那年，升任為台中縣民政局局長。

如果說東海是我人生的啟蒙，豐原就是我歷練的開始。

在燒酒雞店，用酒精燃燒炙烈的夢想

不過，我跟豐原的緣分，遠在我做助理之前便已結下。豐原有間三民書局，老闆利錦祥是民進黨的傳奇人物，民進黨還沒創立前，他就在三民書局賣黨外雜誌，推動民主運動。這在當時是有風險的，可是他義無反顧。利錦祥對台灣有很遠大的抱負，卻不貪戀政治職位，他常常鼓勵年輕人要勇於挑戰、勇於承擔。

我們這群熱血青年常常跑三民書局，很可惜年前已結束營業。我們也很愛去豐原的香村燒酒雞，一群人圍著炭爐喝雞湯，吃炒飯配烤透抽，也不知道是燒酒雞的酒氣太香，還是我們的夢想太炙熱，常常吃到店家打烊才散。

當助理的日子辛苦，卻熱血。當年的助理不像現在分工很細，政策制定、文宣企劃、隨行祕書，每一樣都有專門的助理。那時候的民進黨很窮，常常是請一個助理，就要通包，所以我幾乎樣樣精通！在豐原、神岡一住就是五年，豐原大小路我都很熟，也吃遍了大小美食。

在豐原最常吃的當然是廟東夜市，直到現在我都還很懷念廟東夜市的蚵仔鏈、滷味、關東煮、清水排骨麵、金樹鳳梨冰，以及圓環東路的現撈海產店。

那真是一段美好又熱烈的時光。當時很單純的執著、很單純的知識青年改革理想，連挫敗都很單純。

森林裡的工寮，收容在現實中跌倒的我們

我們還有一個「祕密基地」，是在梨山武陵農場的「工寮」，那是一個朋友方便施作武陵農場工程，為工人所搭建的臨時休息處所。

那座工寮不起眼地坐落在森林裡，很簡陋，一間小小的衛浴、一張大通鋪、一個瓦斯爐，一眼就望穿。工寮雖小，對當時的我們來說卻無比珍貴。被大樹包圍的工寮，遺世獨立，收容了在現實中跌跌撞撞的我們。

在東勢、梨山簡易採買後，直接殺到工寮。寂靜的山林，明月蛙聲，和數不盡的星星，伴隨著熱滾滾的火鍋，夜半酒配茶聊著未來，想著每一個人的將來會是什麼模樣？台灣會是什麼模樣？

隔天從硬邦邦的通鋪醒來，走出工寮，呼吸森林裡乾淨又清甜的空氣，整個人被洗滌得一塵不染，像是重新活了過來。

當時的民進黨選舉總是敗多勝少，黨很稚嫩，我們也很稚嫩。武陵農場的工寮是我們的心靈修復地。

我很懷念那段青春時光，大家都充滿熱情，少有束縛，哥們在一起把酒言歡，有不爽，嗆幾聲講清楚就沒事了。

那間工寮什麼都沒有，我們也什麼都沒有，天地之間，只有熱情跟夢想。

後來我當上民政局長，因為業務還是常常到和平，那時已經有公務身分，雖然還是有許多的回憶與感動，已難有當時的純粹。

原鄉部落，被原住民的笑聲療癒

當上民政局長之後，因為原住民行政課分屬民政局，因此我常常要去位於和平、梨山的部落，所以我有很多原住民朋友。但九二一地震後中橫不通，就必須借道合歡山。

在做局長之前，我對原住民的印象停留在我的原住民文學想像，和參與原住民正名運動的街頭活動中，他們之於我，是抽象大於具象，是被關注的受壓迫者，是一個概念的存在。真正到部落認識原住民之後，他們變成我身邊的人，是我的朋友，他們有老有小，有很勤奮的，也有愛偷懶的，就跟我們身邊的人一樣，有可愛的，也有不那麼可愛的。

不同的是，他們更熱情、單純，總是會用笑聲和歌聲編織起每一次的談話。每次因公務走中橫去部落，都不像去辦公，反而是去看看老朋友，遠離塵囂喘口氣。

他們也把我當成朋友，每次見到我都很熱情，拿出家裡釀的酒、小米釀的溪魚、生的山豬肉、山羌的血……，所有想得到的原住民美食，我都吃過了。就算有點怕，還是吃了！

有時候辦理原住民教育訓練，吃午餐時，我的原住民朋友總是吃飯配高粱！吃飽喝足要趕去下一個地方，酒還有剩，不能浪費啊！他們就拿一個塑膠袋，把酒全部倒進去用紅塑膠繩綁好，再插一根吸管，就像我們小時候遠足喝冬瓜茶一樣，我真的嘆為觀止。

部落會有一些困難要解決，他們總是樂觀以對。

俯瞰梨山的壯闊景色，真正是「橫看成嶺側成峰」。

九二一之後，因為原住民部落重建、谷關觀光的復興，我跑中橫跑得更勤，在我心中，這些不只是公務，不只是業務，他們是我的朋友，我一定要幫忙。常往山區跑，我還因此認識了一個貌美又氣質出眾的原住民女孩，可惜我沒成為原住民女婿。

每回車行，我總會凝視美麗的中橫，車窗外斷裂的山林碎得肝腸寸斷，忍不住在內心感慨，人們愛說「人定勝天」。不，人勝不了天，人應該對大自然謙卑。我在破碎山路上顛簸，心情總是很低落。

美麗中橫，是我心裡的一條路

做了立法委員後，因為選區在海線的關係，少到部落，可是那幾年在山上的回憶，一直迴繞在我心裡。幾年前回到梨山，原本是去解決修路的問題，並沒有特別想見誰，但過去的老朋友、剛認識的新朋友，漢人朋友、原住民朋友都跑來了，真的很感動。

幾年前的某個冬天，我第一次帶著妻小造訪梨山、武陵，在福壽山竟迎來一場瑞雪，雪花紛飛，孩子們興奮極了。如今的武陵，沒有工寮，但和心愛的人牽手在櫻花樹下，我在武陵，有了兩種不一樣的幸福。

公務車在中橫奔馳，我的思緒也不斷飛馳，太多回憶了。

中橫是我心上的一條路，在民進黨屢戰屢敗的時代，它修復了我年輕的心靈；在投入政治工作後，它收容了橫衝直撞的我；而今，我雙鬢漸白，政治職位更高了，這條公路一如往昔，帶給我安慰。

不管走得多遠，經歷多少事情，在豐原那個「政治菜鳥蔡其昌」，都還在我心裡。是那個單純的我，讓我走得那麼遠，卻始終沒有背離初心。

接到台中市和平區鄉親的陳情，我邀集了農委會水保局、林務局等單位，一同前往和平區會勘，解決問題。

使用木炭、陶甕烹煮烏骨雞，是本店的特色。

香村燒酒雞

在豐原新生北路的香村燒酒雞，開店二十餘年，是台中知名的燒酒雞。店面雖然樸素，寒流來襲時，店門口停了許多名車，人們慕名而來，只為了吃一甕熱呼呼的燒酒雞。

香村燒酒雞不會加高麗菜、米血、凍豆腐，它用真功夫取勝，傳統的陶甕、最滋補的上等烏骨雞、加入密不可說的漢方、米酒，用炭火燒煮，僅此而已。但也是這樣的素樸，才能真正吃到雞肉的香甜，喝到單純的湯頭。

既然是燒酒雞，米酒自然不能省，整罐灌進陶鍋，點火揮發酒精時，大火會燒上五、六分鐘，足見他們給的酒有多厚。關於燒酒雞要不要點火，則分成兩派，點

燒酒雞（大）
760 元 / 鍋

火派除了怕酒醉，還堅持燒過火，湯頭比較甘甜；不點火的一派堅持燒酒雞就是要有酒味，沒有酒，就不叫燒酒雞了！

不管點不點火，香村的燒酒雞都很夠味，入口非常甘醇，湯頭也很清澈，一碗接一碗的喝，也不會口乾舌燥。想跟老闆打聽「漢方」裡有什麼，老闆神祕微笑：「不可說。」

香村的炭烤海產也很夠水準，門口的炭爐，就是見證。單純的鹽烤大蛤，蛤肉飽滿多汁；鹽烤香魚的火候剛剛好，魚肉鮮嫩；炭烤小卷不會過熟、過硬，口感Q彈Q彈，這些都是功夫。吃肉喝湯、飽享炭烤海鮮的鮮美之餘，蔡其昌還推薦香村的炒飯。不但米飯粒粒分明，「鑊氣」激發出的焦香更令人吮指難忘。

DATA

香村燒酒雞
地址：台中市豐原區新生北路 53 號
電話：04 2524 6477

01　烤香魚 240 元
02　烤小卷 300 元

01

02

菱角酥 11 顆 50 元

—廟東夜市—

菱角酥

逛廟東夜市有個「潛規則」，逛夜市前，先在入口的菱角酥拿牌子，再進去逛夜市，吃飽喝足走出來，正好輪到你。

別小看這小小攤位，竟然需要四個工作人員，兩人負責將菱角裹上麵糊、一人負責翻炸、一人負責將菱角裝袋同時收錢。攤子雖忙雖擠，四個人卻很有節奏感，像跳舞一般，看久了竟然有點入迷。

菱角酥並不是夜市常見的小吃，廟東的菱角酥更是扎實好吃。個頭小小，裹了麵糊的菱角，除了可以吃到菱角的香味，還多了麵糊的香甜，趁熱吃真的很唰嘴，一不小心就吃完一整袋。

下次到廟東夜市要記得喔，先拿號碼牌，再進夜市大吃特吃，吃完出來拿菱角酥，正好當甜點收口，超完美句點。

DATA

廟東菱角酥
台中市豐原區中正路 167 巷 1 號

01

02

01　到廟東夜市別忘了先領取菱角酥的號碼牌。

02　蔡其昌學生時代就認識「甜吃不可」的老闆張大哥。

非吃不可

廟東夜市的「蚵仔鏈」也是很獨特的小吃，在其他地方較少看到。做法是用將蚵仔裹上地瓜粉後，入鍋很快涮一下就撈起來，放入湯碗裡。湯底是柴魚熬成的日式風味，再加上台式的油蔥、韭菜末、九層塔，上桌前淋上麻油、白胡椒粉，一碗好吃的蚵仔鏈這就完成了！稱作「蚵仔鏈」，奧祕就在「鏈」，不裹粉的蚵仔叫蚵仔湯，裹了粉把香氣都「鏈」接在一起就是「蚵仔鏈」。

廟東夜市的「非吃不可」，就是原本的張記，是廟東的老店之一，現在由下一代接班，雖然改了時髦的名字，該做的還是遵循老方法，依舊每天從布袋直送最新鮮的蚵仔，秉持著當日新鮮現吃，絕不過夜的原則，讓蚵仔非常鮮美。不只蚵仔鏈好吃，蚵仔湯、蚵仔麵線，都一樣美味。若是食量不大，只吃得下一碗，那就選最有特色的蚵仔鏈吧！

非吃不可

地址：台中市豐原區中正路 167 巷右手邊第二攤

䨅吃不可的創始老闆張欽崇，是蔡其昌相當尊敬的大哥，兩人從意氣風發的少年時代就相識，如今都有了各自的風景，不變的是那一碗蚵仔鏈，永遠像當初那麼美味。

正兆蚵仔煎

正兆蚵仔煎已經開業四十幾年，有廟東，就有正兆，這是豐原人都知道的老店，有很多在地人吃習慣正兆的蚵仔煎，就再也不吃別家的了。

蚵仔煎要好吃也不簡單，蚵仔要新鮮、菜料要豐富、餅皮要又薄又香、醬料要有層次感。正兆的店門口擺了台子打著厚厚一層冰塊，上面鋪滿新鮮的蚵仔；蚵仔煎的青菜也挺特別，北部的蚵仔煎多半用小白菜，台中的蚵仔煎則是用空心菜，還外掛滿滿的豆芽菜；正兆的餅皮又香又薄，蚵仔又多，有些蚵仔煎淋上厚厚的餅皮，蚵仔只有兩三顆，讓人懷疑根本是在吃煎餅；正兆的醬料除了鹹甜味，還多了一股濃濃的花生香，讓人回味無窮。

DATA

正兆蚵仔煎
地址：台中市豐原區中正路 167 巷 3 號
電話：04 2523 9235

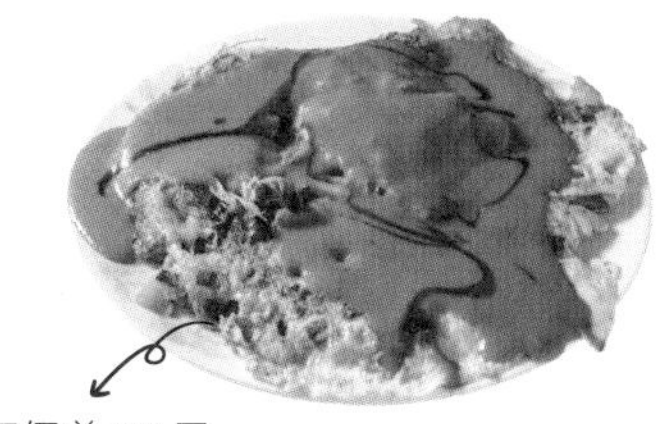

蚵仔煎 80 元

廟東壽司屋

在整排廟東夜市的小吃裡，廟東壽司屋也有一席之地，受到許多常客的擁戴。原因很簡單，湯頭清爽、材料簡單好吃，對不想吃得太油膩的人，是很好的選擇。雖然店面很小，只有四、五張桌子，但是環境很乾淨，翻桌率也快。

關東煮台裡，滿滿的白蘿蔔、油豆腐、麻糬福袋、魚板、黑輪、高麗菜卷、香菇、玉米，在小火滾熱的柴魚湯裡滾動，每一樣都好誘人，也太難取捨！好不容易下定決心點了喜愛的食材，裝在大碗裡，冒著熱煙上桌，意思意思吹幾口氣，就迫不及待放入嘴裡。白蘿蔔煮得真夠味，高麗菜卷軟爛好吃；咬一口福袋，湯汁咕嚕咕嚕流出來，麻糬也跟著探頭。

DATA

廟東壽司屋
地址：台中市豐原區中正路167巷2之8號
電話：04 2524 1390

食材新鮮多樣，分量多寡隨心所欲，能滿足各種時候的用餐需求。

壽司屋可不是只有關東煮厲害，店裡有簡單的日本料理，手卷、壽司、拉麵、沙拉、漬物，真正厲害的是咖哩飯，看起來簡單日式的咖哩，卻很香濃。點一份咖哩，配上一大碗關東煮，就是超完美的正餐！

這家店是蔡其昌住在豐原五年時期最常吃的一家店。外帶、內用都方便，不太餓時，關東煮更是首選。

關東煮
價格店洽

滷豆干 5 片
30 元

DATA

正老牌魯味
地址：台中市豐原區信義街 106 號

正老牌魯味

廟東的正老牌魯味氣勢驚人，在擁擠狹小的廟東夜市，每一家小吃都捱得很緊，這間只做外帶的滷味，擺開的寬度卻足足有兩家店那麼寬。

滷味攤上什麼都有，從尋常的雞翅、甜不辣、海帶，到漂亮的肥腸、鴨舌，每一樣看起來都油光閃亮，簡直在吶喊：「吃我吃我！」

在這麼多食材裡，最讓人驚艷、最難以忘懷的，竟然是毫不起眼的滷豆干。正老牌的滷豆干看起來「白白的」，讓人擔心到底有沒有入味？為什麼白刷刷？咬一口才發現豆干又軟又香又入味，豆乾的橫切面都是小洞洞，滷汁都藏在裡面哪！

清水排骨麵店
地址：台中市豐原區中正路 167 巷 2-10 號
電話：04 2523 3704

排骨麵
100 元

五片豆干才三十元，老闆還會很豪氣地夾很多酸菜，喂！你們台中人會不會太海派啊！

清水排骨麵

有網友說：「菱角酥是廟東的扛霸子！」那麼，清水排骨麵總店就是廟東的「指標名店」。開店超過四十年的清水排骨麵，店面狹長擁擠，每到用餐時間，就大排長龍，為了清水排骨麵，排到地老天荒都願意。

清水排骨麵的料理台前，有一個大鐵盆，裡面擺滿一杯杯炸好的排骨酥，這些排骨都是選用豬軟骨，用祖傳祕方醃製後，每天新鮮現炸，柔軟夠味，是排骨麵的靈魂。

光有靈魂不夠，麵條請工廠特製，格外柔軟；讓湯頭添香的油蔥，是店家自己炸的；製作排骨酥的油品，該換就換，絕不偷雞；麵裡的豆芽菜更是不可缺少，平衡了排骨的油膩跟麵條的飽足感。廟東夜市的清水排骨麵，根本是肉體與靈魂兼具的人間美味！

好不容易擠進麵店，排骨麵端到面前的那一瞬間，真的幸福得要爆炸。炸到深褐色的排骨，筷子一撥就散了，再把麵條撥鬆，湯匙裡有麵有肉有湯還有豆芽菜，一大口吃了，絕妙滋味天塌下來都不管，先吃麵再說！

清水排骨麵有很多分店，包括台中的大里、新時代廣場；台北的萬華、三重。有分店固然方便，但是在總店門口排隊，再進到店裡爽快地吃麵，那才過癮！世間所有的美好，都值得等待。

金樹鳳梨冰

吃完一連串美食，該來點冰涼的甜食，否則肚子都要爆了。

鳳梨冰（大）30 元

金樹鳳梨冰就在清水排骨麵隔壁，也是間老店，來逛廟東夜市一定要吃上一杯才算結束。

充滿碎冰的鳳梨冰，裡面還放了鳳梨蜜餞，吃起來酸甜酸甜，又解渴。有點像台北西門町的成都楊桃冰，只不過金樹鳳梨冰更單純些。

如果有時間，不妨選擇內用，因為它的杯子太可愛了！大杯的玻璃杯上印著「金樹冰菓店」，小杯的玻璃上畫了可愛的水果圖案。好懷舊啊，讓人想起還有冰菓室的歲月，逝去的青春就像鳳梨冰，酸酸甜甜，一口一口被吃掉。

DATA

金樹冰果室

地址：台中市豐原區中正路167巷2-13號

電話：04 2524 3985

透心涼的鳳梨冰絕對能帶你穿越時空，回到過去。

（shutterstock 提供）

CHAPTER

—10—

台中老城區
新與舊交集的美麗

老城區是城裡最多故事的地方，有居民集體的記憶，是城市的根。只有知道自己從哪裡來，才能知道自己將走向何方。

台中老城區，海線孩子的雀躍

台中的老城區，行政畫分上以中區為主，包含了部分東西南北區，對我而言中區也是我記憶的核心區。當時縣市沒有合併，清水是台中縣，是鄉下，「台中」是城市，可以被稱為「台中」的，就是這裡。它以台中火車站為起點，曾經是台中最繁華的區域，有綠川、柳川流過，在日治時期被稱為「小京都」，它有著燦爛的過去。每個台中人都有屬於自己老城故事。

我對老城區最早的記憶，來自童年。那是個沒有綠園道、沒有七期的年代，進一次台中城，是天大的獎賞，只有考試成績很好，或者剛好大人有要務必須前往，爸爸媽媽才會帶我們去「台中」。

當時老城區一點都不老，相反的。它有最繁華新奇的一切，百貨公司、室內遊樂場，數不清的餐廳、咖啡館……，對一個海線長大的孩子來說，台中的老城區就是「迪士尼樂園」，去老城區，就像出國。

只要爸爸宣布要帶我們「去台中」，我從那一刻就開始期待。到了進城那天，我們很快吃完早飯，換好乾淨的衣服，表現得很乖巧，生怕大人臨時變卦，戰戰兢兢地等待，直到真正出發才安心。

出發！到了城裡，先去逛街、去百貨公司採買，再去大一吃頓。在那個節儉且物資相對匱乏的年代，這是極為奢侈的享受。我人生第一次吃到牛排，就是在老城區。

老城區有我童年最歡樂的記憶。走在那裡，心情是雀躍的，空氣是香甜的，眼睛所見的一切，都是最新鮮好玩的。走進百貨公司，自動門一打開，冷氣撲面，啊，就是這個味道，香香的，好高級啊！兒童遊樂那一層，更是我迷戀百貨公司的主要原因。

現在很流行的綠川河岸，對小孩來說超級無聊，難得到台中，幹麼散步？當然要去人擠人啊！去百貨公司多好玩，看風景我們海線就有，走路還更大更空曠！我每天都得走路去上學。

1927 年成立的中央書局曾是當時全台最大的漢文書店。

清水鄉下哪裡有什麼高樓大廈，每天只能打棒球、捉迷藏、跳房子、吃豆花，在老城區不一樣，小小的眼睛，看不盡的繁華。這裡太好玩了！充滿我童年最新奇、最稀罕的快樂。

中央書局，從知識殿堂到安全帽店

長大一點來老城區，已經不那麼稀奇，青春的叛逆，甚至偶爾還會對資本主義的過度商業批判幾句！最常去的不再是炫目的百貨公司，而是沉靜的中央書局。

我的碩士論文題目是《戰後台灣文學發展與國家角色》，我念歷史，對文學也有憧憬，歷史是思辨的學科，文學則是浪漫的出口。我總是帶著挖寶的心情去中央書局，當時台中的書局多半賣暢銷書，略顯擁擠的中央書局卻有很多文史哲類的書，也有商務出版的經典書籍，嗜書如命的歲月，每本都好想帶走。

當時的我沈浸在自己的歷史研究中，同時也意識到，我就站在歷史發生的所在。成立於一九二七年的中央書局，創辦人是莊垂勝，當時書局是「台灣文化協會」的實踐場域，這裡舉辦過許多演講、畫展、音樂會，往來者都是台灣歷史上赫赫有名的人物，林獻堂自然不用多說，清水出身的實業家楊肇嘉、作家張深切、賴和，甚至蔣渭水等，都常出入中央書局。

時代快速流逝，我也被生命的洪流推著往前跑，研究所畢業前，我已經到豐原做民代助理，後來還投入選舉。等到我再度經過中央書局，它早已轉了好幾手，變成一間安全帽店。我騎機車等紅綠燈時，轉頭看見中央書局，它已經掛滿五顏六色的安全帽。

我們在歷史的當下，無法明白那有多璀璨，直到它消逝後，才會恍然醒悟，我們遺失了珍貴的寶物。

幸好，上善基金會願意讓中央書局復活。這是相當艱難的工作，蓋新房子不難，恢復歷史建築的樣貌才是大挑戰。決定重建後，張杏如女士也曾經找過我，請我聊聊對中央書局的印象，以及它對台中人的意義。對我來說，中央書局不僅僅是書局，它是社會科學系學生的寶庫，是我尋求知識慰藉的地方，更是台中重要的文化標誌。

重建後的中央書局真的很美，一踏入書局，記憶中的空間不復存在，但中央書局的歷史意義卻回來了。一進門的新書平台依然陳列著文史哲的書籍，樓上的開放空間成為新的文化基地，讓更多文人騷客、市民朋友透過文化講座，了解這塊土地、城市和人，這就是中央書局啊！是讓人心生尊敬的書局！

建造於明治時代，於 1906 年通車的台中舊火車站，為台中市知名的歷史建築。

老城巷弄，故事發生的所在

除了中央書局重建，中區還有很多遺失的記憶，火車站、台中公園、舊市府附近的古蹟群等，需要被找回來。

當我們在談「老城區」的重現時，我想的總是「面的重建」，是老房子牽著老房子，街道連著街道，是區域的再造，而不是單一建築，孤島般的重建，而是城市復興。將老城老屋引薦給有能力有夢想的年輕人，由它們賦予新生命。大型建築物，比如銀行、舊廳舍、州廳，民間沒有力量獨自經營，政府要將之重整、轉型，它們可以是博物館，也可以是文創基地。

賴人碩建築師（右）以繼光工務所為基地，探索老城再造的可能。

老城區有各種新的可能，政府是橋樑，把散落的破敗的老屋，一間又一間連在一起，讓有夢的年輕人可以走進老城區，重新改屋造屋、造夢。賴人碩建築師的「繼光工務所」，蘇睿弼、陳冬梅和中區再生文化協會的夥伴，就是一群追夢的人。

當成片的老區域都重建完成後，這裡就不是孤島，不再只是一棟可以打卡的房子。人們在這裡生活、旅行，故事不斷在巷弄裡發生，男女朋友在這裡約會、吵架，走到下一條巷子又和好；鄉下來的孩子在這裡吃了第一個起士蛋糕，嚐了第一口咖啡；曾經在這裡工作過的老人回來了，在轉角發現想念的豆花店又重新開張……。

老城區有歷史建築與老故事，卻也有新來的人不斷造訪，創造新的故事。老城區應該是步行天堂，既典雅，又朝氣蓬勃，生生不息。

老城區旅遊指南

曾見識過時代輝煌與起落的台中市第二市場。（shutterstock 提供）

—第二市場—

在中區的第二市場，已經有一百年的歷史，老城區的老市場，見證街區的變化與流轉。

日治時期為緩解第一市場的吞吐，興建了這座市場，當時稱為「新富町市場」。因為位於日本人居住的中區，主要客源是日本人，台灣人稱它是「日本人市場」，或直白地叫它「有錢人的市場」。

第二市場原先是作為水果批發，最鼎盛時期，擠滿了來批發水果的小商家，小吃攤圍著市場開展，服務批發商。台中興建了全新的水果批發市場後，第二市場舒緩了，卻也沒落了。

客人散了，早已在此生根的攤商卻捨不得

離去，這裡不僅是工作的市場，更是起家厝，是生活的一切。熬了無數的艱困日子，林佳龍市長重整第二市場，市場內有名的六角樓掛上壁畫，寫滿攤商的故事。客人慢慢地回來，連觀光客都來這裡找道地的台中味道。

「貨有高低三等價，人無遠近一家親」，民國十二年開業的慶周青果行，是第二市場裡的老水果行，無論興旺寂寥，門前斑駁的匾額卻一直掛著。老市場，老人情，老味道，永遠無法被取代。

福州乾麵

第二市場裡的福州乾麵，早在日治時期就已經在擺攤，至今已經一百一十年，比第二市場的歷史還長，現在傳到第五代。

它最早是在中山路，日本人聚集的地方。日本人對吃食挑剔，能讓他們喜歡的，一定是好味道。第一代的阿公每天用人力車把長凳、器具拖到市場邊，搭台賣麵，連水都要用擔的，直到第二市場建好，他們才搬進市場裡，有了扎實的店面。

別看這一片小店，光是麵條一天就賣一百多斤，假日時超過一百五十斤，魚丸一天賣兩、三百碗，餛飩也賣到一百五十碗以上。

小店也有小店的堅持與驕傲。不管是麵條、魚丸，都有學問。麵條只用高筋麵

DATA

阿棋 三代福州意麵老店
地址：台中市中區三民路二段 1 之 7 號
電話：04 2220 4335

粉跟蛋黃，吃起來又香又軟韌；乾麵的靈魂，紅蔥頭，一定要自己用豬油炸，絕對不用半成品；魚丸用現流的旗魚，才不會有腥味，請工廠打成魚漿後，再送回店面煮成丸子。

用匠人堅持煮出來的意麵，真是好吃。麵條充滿香氣，肉燥香而不油，魚丸很有彈性，內餡綿密充滿肉香。

店裡還有祕密武器，辣椒粉，用十餘種香料調配而成，辣而不嗆，灑在乾麵上一起拌開，舌頭有些麻辣，尾韻十足，一不小心就對這一罐小小辣椒粉上癮！

老闆驕傲地說：「很多日本人懷念我們的乾麵、餛飩，都來店裡吃，吃完一定會買十罐辣椒粉！乾麵帶不走，至少要把辣椒粉帶回日本。」

在新店快速開了又關的時代，這家傳了五代的老麵店，真的是寶貝。

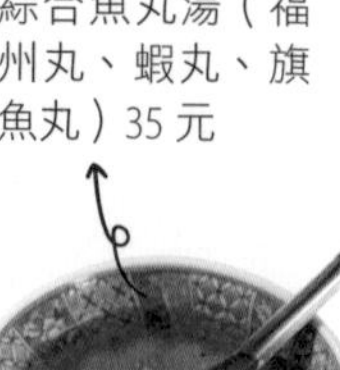

綜合魚丸湯（福州丸、蝦丸、旗魚丸）35 元

乾餛飩 50 元

茂川，米其林肉圓

第二市場外的茂川肉圓，也超過一百歲囉，沿街轉個彎就到了。別看小小一間肉圓店，它可是得到米其林必比登餐盤推薦！在台灣，競爭最激烈的小吃之一，就是肉圓，各縣市做法都不一樣，各有擁戴者，而且一不小心就跟南粽北粽一樣吵起來。

比如，肉圓到底要油泡還是清蒸？驕傲的台南人堅持清蒸，而且得放隻蝦仁；彰化肉圓堅持油泡，還要放干貝香菇；新竹人走另類路線，用紅糟肉塊。中部的肉圓競爭尤其激烈，可是只要

比第二市場的歷史更悠久，從日治時期就開始擺攤的福州乾麵仍堅持一貫的風味與品質。

夠好吃，肯定有客人，清水知名的「白頭蔡」，老老闆很會罵人，路上排幾張板凳充當店面，照樣來客不斷。

在廝殺不斷的肉圓戰場，茂川肉圓卻打敗群雄，拿下米其林餐盤推薦，老闆聽到消息都驚呆了，說不出話來。

米其林的官方簡介是這麼說的：「別看這小麵店裝潢簡樸，其實擁有過百年歷史。雖然經歷多次名字更改，始終不變的，是其手工製作的招牌肉圓，原材料包括在來米、太白粉、地瓜粉等，充滿嚼勁，而且毫無油膩感。佐以加入砂糖的白色米醬，與加入辣椒的特製海山醬享用，非常可口。另外提供每天現包的鮮蝦餛飩，皮薄透亮，同樣吸引人。」

得獎的喧騰過去後，老闆依舊每天坐在小板凳上，安靜地包餛飩，偶爾招呼來客，幫忙上菜後，又回到小方桌前包餛飩。百年老店用樸實的方法料理食物，用簡單的心面對生活。只有最單純的心念，才能做出流傳百年的滋味。

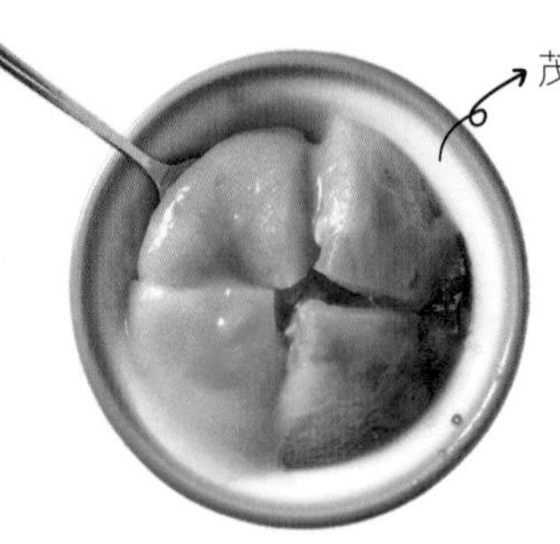

茂川肉圓 45 元

DATA

茂川肉圓

地址：台中市中區台灣大道一段 401 號

電話：04 2227 7477

台中肉圓

另一家在二〇二一獲得米其林必比登餐盤推薦的肉圓，是「台中肉圓」。其實米其林對它來說，只是美好的小插曲，因為在許多台中人心中，「台中肉圓」足以代表一切，是台中最好吃的肉圓，也是他們從小吃到大的故鄉美味。

新太陽堂餅店

許多人對太陽餅的第一印象，就是小時候搭火車，列車小姐推車叫賣：「便當～太陽餅～台中太陽餅～。」真希望媽媽買一盒，可惜媽媽只買便當，不買餅。

第一次到台中的小孩，也常被整條中港路的太陽餅店嚇到！眼花撩亂，好想吃好想買，大人看見我們的饞樣，終於大發慈悲停下車，買一盒

綜合禮盒價格店洽（熹妃酥為中秋節限定，非常態商品）

台中肉圓
地址：台中市南區復興路三段 529 號
電話：04 2220 7138

太陽餅，外面還要用尼龍繩綁好，打個蝴蝶結。

太陽餅是台灣孩子的童年回憶，每回都吃到滿嘴麥芽、滿桌餅乾屑，挨罵也不怕，有餅吃就好。

如今，甜點種類愈來愈多，日本大福、義大利提拉米蘇、法國馬卡龍跟舒芙蕾、還有混雜身分的起士蛋糕、巧克力……，現在的孩子不稀罕太陽餅了。可是，孩子們，好吃的太陽餅還是很珍貴的啊！酥皮的香氣、麥芽的甜膩，都是西式糕點無法取代的，台灣的味道。

台中的老牌太陽餅店很多，第二市場旁的新太陽堂，是有故事的太陽餅。二〇一二年，創立近一甲子的老牌林記太陽堂突然結束營業，老師傅們無處可去，前台中市議員莊乃慧不捨，於是成立新太陽堂，讓老師傅們繼續做餅。

台中人對太陽餅有責任。莊乃慧有很多堅持，豬油、油蔥一定要自己炸，絕對不用半成品，才不會發生黑心油事件的悲劇。另外，做糕餅的豆沙餡，也堅持從煮豆開始全部自己來。每一塊餅，來歷與工序都清

新太陽堂餅店
地址：台中市中區自由路二段 51 號
電話：04 2221 5978

現在的宮原眼科不是診所，卻像一場與甜點共舞的華麗宮殿。

清楚楚，每一道關卡都守住了，餅自然好吃。

另一個不容錯過的，是檸檬蛋糕。做成檸檬形狀的蛋糕，有種古樸的氣質，許多糕餅店都有賣，新太陽堂用新鮮檸檬汁製作，成本高，味道好，在網路上人氣很旺。

新太陽堂餅鋪不是最時髦創新的店，但它守住傳統，守住對每一塊餅的在意，就是最好的品質保證。

宮原眼科

我們如何從過去的歷史中，找到自信，邁步向前？宮原眼科是極好的示範。

宮原眼科現在已經是知名的

入口處的挑高設計搭配沉穩用色，顯得氣派非凡。

甜品店，來台中一定要到這裡朝聖，看舊屋改造成華麗的甜點夢想樂園。然而在華麗變身的背後，有很漫長曲折的故事。

宮原眼科原本真的是間眼科，建於日治時期，由著名的眼科醫生宮原武熊所蓋。宮原武熊不只是醫生，也是臺中州協議會員，主張台日融合，反對皇民化運動，為台灣發聲奔走。

日治時期結束，宮原離開台灣，這棟建築物開始了顛沛的命運。它被改造為台中衛生院，後來改成第一性病醫院，還曾經是餃子館、計程車行、紙廠、補習班、遊覽車出租公司，青年戰士

沿用舊有的大樑，搭破強化玻璃製成的天窗，讓陽光自上向下灑落。

報、台灣日報也曾以此為據點。

九二一地震後，房舍被震毀，二〇〇八年的卡玫基颱風更把殘餘的屋瓦結構吹垮，大宅被列為危樓，就要被拆除。

直到日出集團出手，救下這棟「危樓」。但他們採取的做法並不是「原樣重建」，不是要凍結過去的時光，而是在過去的基礎下，創造新的生命力。

結構是舊的，天頂是新的；大樑是舊的，窗簷是新的；樓梯是舊的，地磚是新的。店招用交趾陶、主牆花朵用剪黏、書塔與書櫃用榫卯結構、天井有雙喜剪紙，這些是舊的傳統工藝。帷幕玻璃有水幕，能夠回收雨水，降低日照耗能；開大窗引用自然光，並使用LED燈，減少資源消耗，這些是新的建築技術。

大宅恢復舊觀，門外的綠川卻還沒整頓好。員工每天上班的第一件工作，就是去清洗綠川，把垃圾拾撿乾淨，降低惡臭。一日一日清洗，直到林佳龍市長下定決心恢復綠川原貌，昔年景象終於回來了。

華美的內裝和氣派的建築，讓人忘了宮原眼科其實是間甜點店。

宮原眼科的紅磚牆很美，門口藏了十隻銅雕螞蟻，除了隱喻這裡的甜食讓螞蟻愛不釋手，更是日文諧音「阿里阿多」的意思。店外風情萬種，店內熱鬧歡樂，每年有七個主題，變換不同的布置，「新年」、「茶花」、「鳳梨」、「母親」、「中秋」、「巧克力」，到「聖誕節」。有花開，也有本土鳳梨出頭天，聖誕節還有麋鹿在高柱上探頭張望，帶著笑臉，看著滿屋吃甜甜的客人。

老日子裡的人也回來了，在衛生局、性病醫院工作的護士，青年日報的編輯、記者，當年青春正盛，如今已成老人，回來看醫院變身成幸福甜點店，眼眶帶淚地笑了。那眼淚是對老屋新生，最大的讚美。

細數宮原眼科門前的地上有十隻螞蟻，而「十隻螞蟻」的日文與「謝謝光臨」（ありがとう）諧音，真是有趣的巧合。

DATA

宮原眼科

地址：台中市中區中山路 20 號

電話：04 2227 1927

第四信用合作社

同屬日出集團的「第四信用合作社」，也是由老建築改建的。這裡原本就是「第四信用合作社」，民國五十五年啟用，在銀行法還沒有修改前，台中總共有十二間信用合作社。隨著時代推移，多數的信用合作社都停止營業了，只剩下第二信用合作社還在營運。

第四信用合作社是另一個精彩的改造。騎樓的水泥柱刻意斑駁，那是時間的痕跡；側門是銀行保險庫的門，得用力推；轉上二樓，吧台的餐台很眼熟，原來是銀行收納櫃台；再往裡走，竟然還有貨真價實的銀行金庫大門，平凡如我們，竟然可以見識金庫大門，還不趕快上去摸幾把！

整座第四信用合作社被翻轉得復古又華麗，簡直像《哈利波特》裡的「古靈閣」，可是這裡比古靈閣更炫，這裡有食物香氣。

第四信用合作社真的「很會」，吃冰淇淋最期待的除了冰，就是餅乾杯。第四信用合作社不只給客人加大版的餅乾杯，還現場現做，工作人員在樓梯轉角的透明工作站裡壓餅乾杯，剛烤好的餅乾香氣瀰漫整棟樓。

01

02

01 騎樓的水泥柱上盡是歲月刻畫的痕跡。

02 古靈閣是魔法世界裡最安全的地方，這裡的美味卻讓人荷包和胃口都失守。

DATA

第四信用合作社
地址：台中市中區中山路 72 號
電話：04 2227 1966

主角，當然是「冰」。第四信用合作社的冰品有六十種，隨季節輪替交換，光是巧克力口味，就有十六種。賣得最好的「煙燻烏干達」，是濃度百分之八十的巧克力；「思念總在分手後」調和了梅子、烏龍茶、蜂蜜，酸酸甜甜，又帶著茶的苦澀，真像愛情；「二林九號花生」沒有加乳化劑，吃起來就是香濃的冰花生醬。

眼花撩亂不知道該怎麼選，沒關係，第四信用合作社很大方，每一款都可以試吃，直到確認你「此刻最愛」為止。選定了冰淇淋，還得選配料，從杏仁蛋白餅、閃電薄餅，到日出的土鳳梨酥、起士蛋糕，甚至連鳳梨大餅都有。台中人就是好客，就是澎湃！

巧妙運用銅板的深淺色拼出「四信」字樣。

如果不想吃冰也沒關係，這裡還賣鹹酥雞、蔥油餅，怕吃不飽，還可以點份鬆餅，有「莫扎瑞拉乳酪漢堡排」口味、「塔塔醬米摩勒特乳酪蝦排」口味，別緊張，當然也有傳統的甜鬆餅。飲料就來杯「宮原珍奶」吧！基底茶是用烏龍茶，風味強烈，搭配浮誇豪華的冰淇淋跟甜點，恰恰好。

選好之後，別忘了到「金庫」結帳，「前往櫃台的路上，是用金錢鋪成的」，這不是在笑你買得太多，而是櫃台前的「地磚」，真的是用「一元硬幣」鋪成，還利用銅板的深淺色拼出「四信」二字，連櫃台後方的牆面都是滿滿的「錢」哪。

到台中，千萬別錯過「宮原眼科」跟「第四信用合作社」，從裝潢到甜點，日出集團玩得淋漓盡致，讓人大開眼界。

繼光香香雞

愛吃繼光香香雞的人很多，卻很少有人知道，原來繼光香香雞也是來自台中，最早的店面就設在一中商圈的「繼光街」，所以才取了這個名字。

麵衣加了芝麻的繼光香香雞，吃起來特別香，雞肉又滑嫩，比一般的鹹酥雞多了高級感，儘管價格稍貴，還是深受歡迎。

繼光香香雞從小炸物攤起家，現在不只台灣各大城市吃得到，連香港、越南、菲律賓、馬來西亞，甚至加拿大都有展店。能夠把「炸雞塊」發揚光大，出國比賽，繼光香香雞真的很有一套！

繼光香香雞也已經五十歲了，本店從繼光街的小小炸雞攤，變成綠川旁三角窗的大店面，外牆的天藍色，優雅中帶著活潑的氣息，店裡有很多位置，不妨買份炸雞慢慢享受。

DATA

繼光香香雞
新址：台中市中區中山路 29 號
電話：04 2226 7919

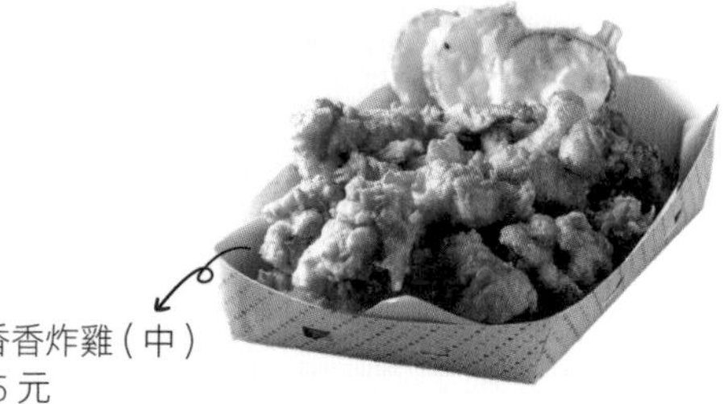

香香炸雞（中）
85 元

01 店內滿滿一整面食譜牆，全都是老闆 Josie 的靈感來源。

02 門口元氣滿滿的植物，在陽光下熱情地向過路客招手。

小夏天

自由街裡的小夏天，像老城區裡的一朵燦爛微笑。

小夏天是間越南餐廳，種種命運巧合，促成這家餐廳的誕生。起初，只是因為老闆 Josie 想去法國旅行，又抽不出時間，於是去了曾是法國殖民地的越南河內，沒想到她的心被河內埋下一顆小種子，就此愛上越南，總想著要「回越南」。

回台灣後的某一天，突然有人敲 Josie 的房門，當時她在台北師大附近租屋，室友們來自世界各國，有以色列、美國、日本，偏偏這天敲門的是兩個越南人，初來乍到第一天，連去哪裡吃飯都不知道，莫名地找上 Josie。Josie 認定這是緣分，自告奮勇當起台灣親善大使，帶他們外出覓食。三人成為很要好的朋友。

彼時，Josie 在外商銀行做中階主管，正想轉換跑道，愛做菜的她興起了開餐廳的念頭，被照顧的兩個越南人終於可以回報，除了帶 Josie 回越南學做菜，還為她引薦了越南名廚。

由熱情與善意促成的緣分，讓小夏天在台中誕生了。餐廳最早是開在綠園道美術館旁，十年後遷移到自由街。美術館很美，自由街卻很自由，距離東協廣場近，方便 Josie 採買；二樓多了廚藝教室，可以把越南菜推廣給更多人。

「我是因為越南人的熱情，才有機緣開這家餐廳，我希望可以透過我，把越南菜帶進台灣人的餐桌。」Josie 個頭小小，笑起來很可愛，卻很有執行的氣魄。

小夏天的菜，漂亮又好吃，每一道都用了新鮮香草，滋味就像剛割過的草地，風一吹，草香撲鼻。當年在河內埋下的種子，在台中開花結果，小夏天在自由街開成一朵燦爛微笑。

越式法國麵包 & 焦糖魚露里肌豬排（單點）
160 元

DATA

小夏天 Petit été

地址：台中市中區自由路二段 28-2 號

電話：04 2221 1282

★ ★ ★

其昌大推薦

沙拉拼盤：拼盤有生春捲、芋頭春捲、蝦餅，和一些生菜。生菜看起來很平凡，不就是高麗菜絲和香草嗎？吃起來卻很不簡單。原來這一小球生菜裡面加了紫蘇、九層塔、香菜，淋上魚露跟檸檬醬汁，最後撒上花生、芝麻。香草跟醬料的味道，在嘴中迸開，充滿驚喜！芝麻跟花生在最後帶出更厚實的香氣，實在厲害！

生春捲在越南餐廳不稀奇，小夏天卻跟別人不一樣，一般慣用豬肉，小夏天則用紫蘇醃過的雞肉，再加上九層塔、洋蔥、豆薯、蝦子，最後畫龍點睛來些薄荷葉，真是高招，讓生春捲個性分明！

牛肉河粉：到越南餐廳怎麼能錯過河粉！小夏天用烤過的牛骨、雞骨，再加上草果、丁香、肉桂、八角、紅蔥頭熬湯底，沖到碗裡時，還要加九層塔、洋蔥、蔥末、香菜，小小一碗湯，用了近十種的香料香草，每一口滋味都有變化。

焦糖魚露里肌豬排：這道菜是蔡其昌的最愛。將里肌用香茅、紅蔥頭、蒜末、魚露、焦糖醃漬後香煎，配上醃過的紅白蘿蔔絲、香菜，用外酥內軟的法國麵包夾起來，不要在乎形象了，大口咬下去吧，保證好吃到讓你咧嘴大笑，還來不及說話，就咬了第二口、第三口，捨不得停下來。

台中文學館

「台中文學館」由一群老建築所組成，有許多老樹，是城中的小小森林。它的前身是昭和年間的警察宿舍，一九三二年落成，二〇一〇年開始修復，二〇一六年全面開放，是台中第一座以文學為主題的場館。

台中的文學底蘊相當深厚，林獻堂所領導的「台灣文化協會」，就是以台中為根據地；文學家楊逵雖是台南出生，最後卻入籍台中五十年；自然生態作家劉克襄、相當活躍的廖玉蕙、寫作同志文學史的紀大偉……等，都是台中出生的作家。

有許多作家也與台中有很深的淵源。散文家琦君曾在中興大學任教，蔣勳在東海大學美術系任教，寫出《花甲男孩》的楊富閔，在東海大學就讀時就嶄露頭角。還有蔡其昌的外公詩人詹冰，晚年也從卓蘭搬到台中居住。

漫步在台中文學館，想著因起草《和平宣言》入獄的楊逵，他重獲自由後，在大肚山經營「東海花園」，形容自己：「用鐵鍬把詩寫在大地上。」

台中文學館裡那棵珍稀的老榕樹，高度近三層樓。

文學館老榕樹的氣根、鑽出水泥地的野草，也像作家持筆不輟，不管世界多麼嘈雜紛亂，文學落地生根，創造現世的永恆。

來文學館走走吧，在樹蔭下漫步，聽風吹過樹梢的沙沙聲響，你會感受到文學獨有的寧靜與騷動。

DATA

台中文學館
地址：台中市西區樂群街 38 號
電話：04 2224 0875

中央書局

演講、座談在台灣一點不稀奇，中央書局每週三晚上的「週三讀書會」卻一票難求，不只台中人來，連台北人都搭高鐵來聽演講。

詹宏志當第一棒，領讀偵探小說，接著由詹偉雄領讀當代小說、馬世芳領讀當代音樂、王浩威則從榮格心理學談創作者的心靈世界……。聽眾聽得過癮，每一位領讀者更是拼了，馬世芳講到超時、詹偉雄閉關做功課，儼然是一場文化比武大會。

01

02

01　大門及整體設計皆呈現圓弧狀的線條美。

02　空間內重見天日的磨石子柱展現舊時代的風華。

能夠讓當代頂尖文化人比試的聖殿，必須比他們更輝煌耀眼。「中央書局」作為文化人的聖殿，有一段漫長歷史。

故事要從一百年前說起。一九二〇年代，台灣還是日本殖民地，大正浪漫的時期，台灣的文化人也浪漫地成立了「台灣文化協會」，推動台灣文化復興。

一九二五年，他們決定成立「中央俱樂部」，舉辦講座、展覽、音樂會。別忘了，那可是日治時期，台灣人口只有四百萬，使用的語言是日語，想要讀漢文書，得到中國上海購買，台灣人尚且沒有投票的權利，成立台灣人的文化俱樂部，是很熱血的行動。

一九二六年，中央書局創立總會成立，隔年，中央書局終於開幕了。這間書局往來的人，都赫赫有名，政治家林獻堂、作家賴和、畫家李石樵、實業家楊肇嘉，乃至於台灣第一位經濟學博士陳炘，全部都是當時代最頂尖的人物。

時代也沒有放過中央書局，戰爭又來了，日治時期結束，許多藝文人士避走他鄉，或者在二二八事件蒙難。中央書局依然在，只是不再那麼耀眼。

雖然不再是文化重鎮，中央書局仍然在台中人的心中占有一席之地，人生的第一支鋼筆、上中學後自己買的第一本小說……都是在中央書局。可惜，隨著閱讀人口減少，書局愈來愈難經營，大家只記得來中央買參考書，卻不知道它的過去。

最終，書局也不得不熄燈。它被荒廢在角落，一度改為婚紗店，最後則是安全帽店。時間摧毀的不只是人，還有房舍，中央書局成為危樓，幾乎要被拆除。

幸好，風流人物是一代接著一代的，主持中區再生計畫的蘇睿弼教授擔憂中央書局被拆除，找了上善基金會協助，至少先保住房子。

二〇一六年，上善基金會決定完全接手中央書局，張杏如說：「我們要把城市的記憶，還給台中。」簡單的一句話，背後是無數的心血與金錢。

二〇一九年，背負著台中文化傳承的中央書局終於回來了。它在街角的圓弧外牆，像女孩的圓裙；三樓立面的飾條花紋，像頂桂冠；書局裡重新恢復的磨石子圓柱，像改造團隊的心意，細膩卻堅定。

中央書局不僅樣貌回來了，文化底蘊與內涵也回來了。

中央書局自2022年起推出「文學裡的味道 - 作家料理」活動，作家蔡珠兒分享拿手的醃篤鮮，套餐價390元。（本菜色已停售）

新書平台放的依然是文史哲學的書籍。在這裡可以買到司馬遼太郎的《台灣紀行》，也可以買到賴和文集；二樓的餐廳則有作家私房菜，蔣勳、蔡珠兒，甚至連陳綺貞都來做菜、做甜點。

到了星期三晚上，人們會聚在這裡讀書、聽書，講者與聽眾的心靈互相激盪，每一個人，都是當代最漂亮的風流人物。

DATA

中央書局
地址：台中市中區台灣大道一段 235 號
電話：04 2225 9024

★ ★ ★

其昌大推薦

源五洲

台中市北區的中華路夜市有一家用料非常實在的果汁店，蔡其昌推薦喝一次就難忘的木瓜牛奶！

地址：台中市中區中華路一段一八五號

電話：0932 501 096

吐司有奶酥、巧克力、花生及草莓等口味。

磯濱日本料理

磯濱日本料理位在台中市西區民權路二百三十三巷，在日治時期，這裡是日本人居住的區域，有許多平房，很有風情。這裡更是日本料理店的一級戰區，全盛時期，短短一條巷弄，四、五間日本料理店，可惜現在只剩下桃太郎跟磯濱了。

磯濱是蔡其昌的私心最愛，從他當助理時，就跟著老大利錦祥來，現在他也成為助理們的老大，對磯濱的喜愛卻三十年如一日。

無論口味或者內裝風格，磯濱都洋溢十足的日本風情。

「這裡像家，很溫暖，老闆總是那麼親切，菜也永遠都那麼好吃。」蔡其昌說：「我們從民進黨草創時期就來囉，當時哪去得起豪華餐廳，能夠來這裡吃飯，已經是很大的享受。尤其在台中辦活動結束後，都會邀請大家來這裡吃飯，菊姐、吳晟都來過，還有作家宋澤萊，大家在包廂裡吃料理、喝啤酒，非常快樂。」

老闆阿海也很喜歡這群被形容為「草莽」的人，他不平地說：「他們很斯文、低調，很尊重人。他們是在為人民爭取權力，當然要支持。」利錦祥最愛磯濱，還曾經帶蔡英文總統來吃飯。

磯濱的門口有座石燈籠，還沒進屋，已經像在日本；屋子放著先日本演歌或三味線，全是老闆親自挑選的音樂，讓餐廳有日本氣氛，也就是現在很流行的「沈浸式」體驗。

既然是餐廳，好吃絕對是第一重要。這裡的烤雞翅是蔡其昌形容：「全台灣最好吃的烤雞翅！」磯濱的烤雞翅只用鹽巴調味，放在紅外線爐上烤，直球對決，非常厲害！烤皮酥脆、內裡香軟，確實非常非常好吃。「我一個人可以吃掉一份！」講到烤雞翅，蔡其昌笑得眼睛瞇得更小了。

牛肉奶油燒也是蔡其昌必點。這道菜做法稍微複雜些，牛肉是澳洲或紐西蘭可生食等級的冷藏菲力，青菜則選用當季的菠菜或A菜。青菜先炒好把水濾掉備用；

02 01 04 03

01　炸豬排 320 元
02　手羽先（雞翅）150 元
03　牛肉奶油燒（大）680 元
04　綜合生魚片 460 元

奶油將蒜頭煎香後，才下牛肉，用黑胡椒、醬油調味；盛盤時先鋪青菜，再放牛肉。這道菜很挑戰炒牛肉的功力，以及調味，磯濱絕對是一流的。

「還有很多好吃的啦！」蔡其昌笑咪咪地說：「我太太最喜歡他的唐揚雞，我兒子最愛炸豬排，都很好吃！」

聽到蔡其昌的讚美，阿海老闆也笑成瞇瞇眼。他對這群為台灣打拚的人，真的很有愛。不只每次都送好幾道菜，還會幫忙留意民情，聽到客人對政府有抱怨，他若是有意義的批評，他轉告利錦祥，畢竟他們是在政治上舉足輕重的人，需要聽到人民的心聲；如果是太過分的謾罵，他也會溫和笑著幫忙說幾句話。

蔡其昌與阿海都是惜情的人。無論蔡其昌政治身份如何轉變，回到磯濱，他馬上想起當年把酒言歡的夜晚，想起在草創時期，大家那麼熱血沸騰，一場活動結束後，馬上想著下一場活動，想著民主該怎麼推進。包廂內熱情滾燙，阿海在廚房裡也用滾燙大火，做出更多更多料理，用食物回報這群為台灣打拚的人。

DATA

磯濱日本料理

地址：台中市西區民權路 233 巷 11 號

電話：04 2302 5666

（shutterstock 提供）

CHAPTER

—11—

霧峰 在歷史發生的現場

小小霧峰，卻有深厚複雜的歷史，從清朝的霧峰林家，一九四九年之後的台灣省議會、光復新村，再到一九九九年的九二一大地震，小小的霧峰區，承載了台灣民主的進程，與百年地震帶來的悲愴。

民主時刻，不應該被遺忘

我第一次有意識地走進省議會，還非常年輕，在讀東海大學歷史研究所，同時也在當民代助理。學歷史的我，站在民主發生的現場，戒嚴時台籍政治菁英的舞台，想像過去有多少權力在這裡傾軋，有多少激辯在這裡發生，想著台灣的民主之路有那麼多顛簸，內心充滿感觸。

許多人對民主已經很「習慣」，認為是理所應當，卻不知道這一路走來，千辛萬難。現在的年輕人很難想像什麼是「萬年國代」？為什麼國民代表一任就做四十三年不用改選？在萬年國代的時期，台灣省議會是真正的民意所在，台籍政治菁英在那裡付出、貢獻，國民黨地方派系也在這裡壯大。

時代不斷向前，台灣愈來愈民主，一九九八年精省後，省議會正式走入歷史，移交給立法院，台灣省議會被改為「台灣省諮議會」；二〇〇七年成立立法院中南部服務中心，後來蘇嘉全院長更名為民主議政園區。

歲月很微妙，我們一年年長大、老去，世界也在改變，許多際遇是年輕的我們無法想像的。

01

02

01 宏偉壯觀的議事堂及行政大樓。

02 民主時刻館的「時光之環」展場。

接任副院長後，我被蘇嘉全院長任命為活化小組召集人，將省議會活化，計畫延續到游錫堃院長時期。我要負責規劃整座園區，包括議事大樓、議員會館、朝琴館、椰林大道，以及廢棄的高爾夫練習場。

當年站在議事殿堂，遙想台灣的民主浪潮，曾帶給年輕的我很大的感動，我想把這份台灣民主追尋的悸動，傳達給未來的年輕人。

自由民主，讓台灣得到世界的尊重

台灣是很獨特的存在，我們在國際上被中國打壓，卻還是贏得世界各國的尊敬，依靠的就是「民主」。「民主的台灣」是我們在國際上的標誌，作為活化小組的召集人，我所要做的，不僅僅是陳述過去的歷史，更要讓「民主」被強烈地標示出來。

台灣的民主化歷程遠在日治時期就開始，議會是民主的象徵。一九二一年由林獻堂等人帶領的「台灣議會設置請願運動」，持續了十四年，提出十五次請願，期間經歷過島內倡議，也曾經被打壓，在一九三四年宣布終止。不過，在一九三五年，台灣人還是迎來了選舉，「第一次市街庄協議會選舉」，是台灣人第一次投票，雖然有很多限制，包括限二十五歲以上男性，還要繳交五圓的稅金，這第一次還是無比珍貴。

從一九二〇年代到現在，台灣的每一個民主時刻，我都希望能保留在民主議政園區。

貫穿整個園區的主題，是民主。我們將原本的議事大樓規劃為「民主時刻館」，兩邊的陽光廊道陳列了不同時期的史料，那些被遺忘的，如今在陽光下閃閃發光，等著被發現、被閱讀。

館內還有很多互動式而且活潑的設計，模擬的全民公投，讓孩子可以參與並了解公投的意義；選舉擂台則設計了一台選舉戰車，讓參觀的民眾可以站上去，拍下揮手致意的選舉照片，過過候

在「選舉擂台」展間，民眾可站上戰車體驗候選人的拜票形成。

選人的癮。照片還可以立即上傳到民眾手機，很受到遊客喜愛。

民主是活的，是不斷在進步的，以民主為主題的博物館，史料的收集固然重要，但透過主題的安排、展出，史料才會變活，設計很多互動遊戲，更讓民主的環境教育事半功倍，讓台灣的下一代知道民主得來不易，讓國際社會知道台灣民主化歷程以及堅持。

民主時刻館的終點會回到議事堂，它的穹頂非常美麗，我們在上面投影「民主劇場」，你可以隨意挑選一張椅子，可能正巧是游錫堃、蘇貞昌坐過，大大方方坐下後仰，看著穹頂上的影片，台灣民主的歷程在眼前流過。

留下綠地，讓孩子自由奔跑

在民主議政園區還有一個地方，是我自己非常喜歡的，那便是「民主草坪」。很多人會說：「那不就只是片草地嗎？」那是我特意的留白。

在規劃整個館區時，原先的高爾夫球練習場已經荒廢，形成髒亂死角。設計團隊有很多提案，想要蓋各種建築，我都不滿意，留給市區的市民和孩子一片綠地，不也是一種可能嗎？大里、霧峰綠地相對少，園區不是聖地，它必須和在地連結，

寬敞怡人的民主草坪，吸引附近居民周末攜家帶眷來野餐。

成為霧峰人生活的一部分。

台灣有太多「為蓋而蓋」的館，最後都變成蚊子館。我不希望我規劃的園區也是如此，於是我否決所有提案，決定：什麼都不要蓋，為孩子留一片綠地，讓他們可以自由奔跑。

現在到了假日，鄰近的人都會帶孩子來野餐，偶爾會有音樂會，大家悠閒地坐臥在草地上聽音樂，平日的清晨或傍晚，也會有慢跑跟散步的人，在這裡舒服閒晃。有笑聲和回憶就是「好建設」。

霧峰這片小小的地方，承載了太多台灣的歷史，從霧峰林家，到因「疏遷計畫」而蓋的省議會，故事多得說不完。就讓我們保留一些空白吧，讓感動的人，有地方散心；讓台灣的孩子，自由奔跑；讓台灣民主的故事，一代一代說下去。

霧峰旅遊指南

「宮保第」為台灣僅存的清代一品官宅。

霧峰林家

「霧峰林宅就像台灣傳統建築的百科全書。」台灣傳統建築權威李乾朗教授如此評價霧峰林家。

美國學者喬安那・麥斯基爾寫了《霧峰宮保第》，她在書中明言，想要了解清朝的邊陲史，就必須了解霧峰林家。

霧峰林家在一七四六年渡海來台，靠軍功揚名立萬，朝廷將福建的樟腦權全數交給林家。當家的林文察在戰役中死去，皇帝為了褒獎他，追封他為「太子少保」，林家官宅因此有「宮保第」之稱，也是台灣目前僅存的一品官員府。

以前的霧峰林家到底多有錢？據說站在霧峰的高處往下看，舉目所及，都是林家的土地。

霧峰的宮保第有五進十一間，一般的大戶人家宅邸深度至多為三進，五進是相當輝煌的家族才能擁有。進入林家，要先經過轎廳，轎廳兩面牆上都有字畫，最特別的是李鴻章題字，可見林家威望。

再往裡到第二進，門上的匾額「春秋又八千」，是林朝棟之妻楊水萍八十一歲生日時，中華商會所贈，整面匾額貼滿金箔。

第三進則有「女婿窗」，用細細的木條間隔成窗。以前的閨

第二進正身壁堵上的文字，為清光緒時期著名的書法家吳魯所書之王融作品〈三月三日曲水詩序〉部分內容。

女大門不出，二門不邁，想偷偷看一眼未來夫婿的樣貌，只能躲在窗後張望。如果不喜歡，就委婉地說：「不想太早出嫁，想多孝順父母。」如果看了喜歡，就嬌羞地說：「一切由父母決定便是。」如此一來大家都心知肚明了。

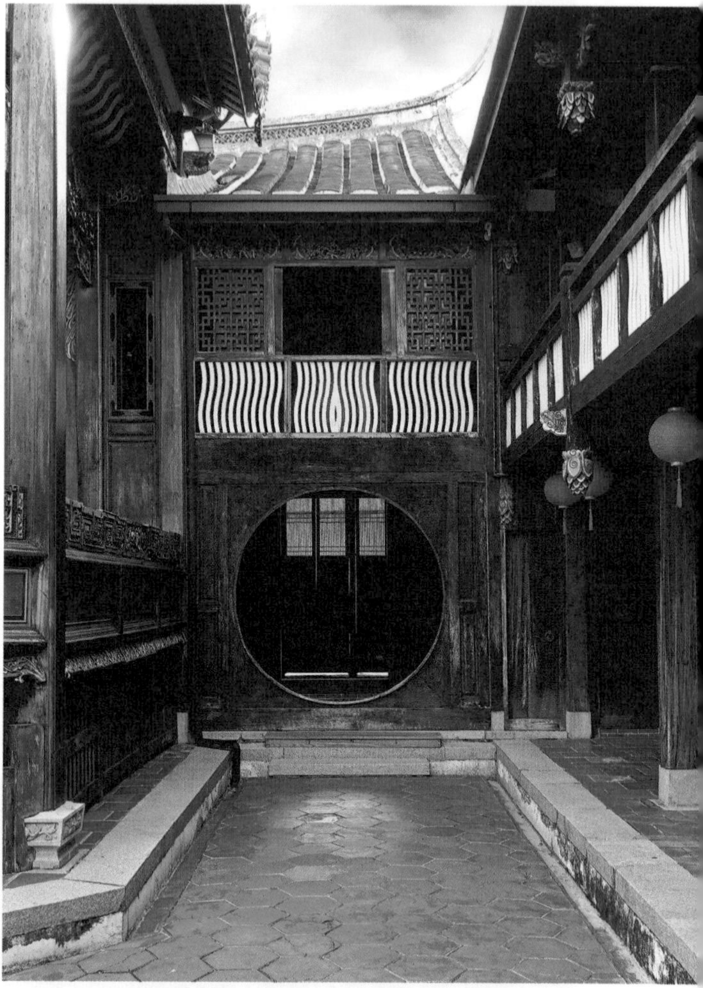

連通第二落與第三落的，是這個「方內有圓」的出入口，也稱規矩門。（shutterstock 提供）

霧峰林家宮保第園區

地址：台中市霧峰區民生路 26 號

電話：04 2331 7985

第四進因為嚴重毀壞，無法重修，只留下矮牆。第五進是閨閣小姐的居所，牆角下還有「貓門」，莫非小姐們都是貓奴，不能出門玩耍，只好吸貓？當然不是，以前養貓是為了抓老鼠啊！

「花廳」則展現了霧峰林家的排場與氣勢。花廳在光緒年間落成，是林家招待貴客聽戲的所在，林家甚至養了自己的戲班。花廳宴客時有多豪奢？據說林家在光緒年間便宴請了德國人，受邀的德國人形容：「我們落座，林紹堂吩咐以歐洲方式設宴。他的兩位廚師之一，似乎很熟悉西方菜餚，而且賣力為之。好幾打酒供我挑選，我選了日本啤酒跟法國白蘭地……。」

一九九九年，霧峰林家經過修復，正打算於九月二十四日重新開放花廳，沒想到開放前三天，遇上九二一地震，再度把林宅震垮。經過十五年的修復整建，霧峰林家在二〇一四年重新開放。

霧峰林家不只在建築跟歷史上對台灣有意義，他們對台灣民主的貢獻也很深遠。在軍功赫赫之後，霧峰林家從打仗的家族，轉變為以文為主的仕紳家族，林獻堂便出身霧峰林家，為日治時期的台灣人爭取民主。國民政府來台後，林獻堂不見容於政府，只好避走日本，客死異鄉。

想知道更多林獻堂的故事，就趕緊去下一個景點——立法院民主議政園區。

立法院民主議政園區

香港紀錄片《時代革命》中，有位台灣長者安慰香港人：「台灣的民主之路，走了四十年，香港人加油，不要灰心。」

台灣的民主之路，何止四十年，早在日治時期，一九二一年，林獻堂、蔣渭水等人便奔走呼籲成立「台灣議會設置請願運動」。台灣的民主之路，走了一百年，這些珍貴的歷史，都被存放在民主議政園區裡。尤其是「民主時刻館」的展覽與互動，更讓人感動。

「民主時刻館」是原本台灣省議會的議事大樓，因為是古蹟，所以一踏入館內，就已經見證了民主時刻。

館內從右邊開始環繞一整圈，分別為「時光之環」、「民主浪潮」、「選舉擂台」、「議政風雲」、「民主之鄉」、「公民參與」，最後回到「民主劇場」。

「時光之環」從荷領時期、日治時期，一直到民國之後，展示不同時期的史料與照片。

「民主浪潮」，可以看見台灣第一位飛行員謝文達，為了「台灣議會設置請願運動」在東京空投的傳單，還有互動式的「歷史問答」，看似簡單，卻連歷史系的學生都會錯，我們對台灣史的了解，真的太少太少。

「選舉擂台」是台灣人最熟悉的，除了展示以前選舉時常常送的「味素」，還有各種古早時期的照片、宣傳車，原來以前就有胖卡！展間的正中央擺了一台選舉戰車，遊客也可以過過癮，當起候選人，拍一張競選照片。

「議政風雲」裡，記錄了一九四六年之後省議會的各種風雲。一旁的復刻報架千萬別錯過，老報紙太精彩了，民國五十年，政府為了開拓財源，發行愛國獎券，竟然還在報上登廣告寫著：「中獎容易，勸君速買」。

「公民參與」講述台灣選舉的歷程，一進

順著椰林大道前行，就是民主議政園區的議事堂。

議政風雲展間

DATA

立法院民主議政園區

地址：台中市霧峰區中正路 734 號

電話：04 2217 2900

展間，便是兩座復刻了一九三五年台灣人民首次投票的票亭，票亭裡擺設的五圓古董鈔票，還曾被人順手摸走。

「民主之鄉」則是把穿越時空的人帶回現場，看看台灣民主是如何在霧峰的省議會開展。

這趟穿越之旅的終點，是回到議事堂。議事堂現在已經改為「民主劇場」，人們可以坐在議員的椅子上，仰頭看議事堂穹頂上投影台灣民主進程，當穹頂幻化成星空，又幻化成一張又一張歷史圖畫，從台灣議會設置請願運動、二二八事件、黨外運動，一直到首次民選總統、首次政黨輪替，漫長的、流過無數血淚的歷史，在穹頂上快速搬演。

在民主時刻館接收完歷史震撼後，到戶外的民主草坪散步，平緩心緒吧。民主不是天上掉下來的，是一百年來，無數人的血淚，我們才擁有今日台灣。

我們要知曉過去，才能珍惜今日。

光復新村保留了純樸的眷舍景觀，花木扶疏，綠意盎然。

—光復新村—

光復新村是台灣第一座新市鎮，因應一九五零年代的疏遷計畫而生。當時因為國家安全考量，有所謂「疏遷計畫」，將省政府遷移到台中霧峰，為了讓員工有宿舍可住，便設計了「光復新村」，建設局還特別到英國取經，將這裡設計為低人口密度、高綠地的花園城市。

此處除了吸引電視電影前來取景外，還有不少婚紗公司安排新人造訪留影。（張軒豪提供）

光是「光復」二字，就極具時代意義，那還是「光復大陸河山」的年代，國民政府幻想著要「反攻大陸」。

夢總要醒，反攻大陸無望，只好建設新台灣。光復新村除了眷舍，還有光復市場、光復國小、光復國中，相較於其他眷村的急就章，光復新村的規劃相當完整。

九二一地震後，廢棄的眷舍本來要拆除，在地方人士的奔走下，總算保留下這座美麗的眷村。五年前，光復新村成為文創據點，有許多充滿活力創意的店家進駐，從傳統的麵食，到時髦的貝果、冰點，還有工藝店鋪，假日的晚上甚至有小酒吧。可惜近年來發展有些停滯倒退，期待光復新村有更整體性的發展策略。

光復新村市場牛肉麵 DATA
地址：台中市霧峰區新生路 57 號
電話：0919 845 728

假日人潮散去後，光復新村又恢復寧靜。紅磚牆守護了每一家的故事，當年種下的大樹，依然在巷口昂揚，人散了沒關係，村子還在，故事就在。

光復新村市場牛肉麵

當牛肉麵也搞起混搭國際風的此刻，光復新村市場牛肉麵卻堅守眷村老味道，鹹！但眷村牛肉麵就是這個味！再淋點店家自製的辣油，那才過癮，普通店家的辣油一點都不辣，簡直調色而已。

來到老麵店，別錯過滷味，豆干、海帶、雞胗，滷得又香又入味，連牛筋都軟爛夠味，價錢又便宜，豪氣切上一盤，再來瓶啤酒，拉把板凳在星空下喝酒聊天，這就是眷村的滋味。

九二一地震教育園區

一九九九年九月二十一日凌晨一點四十七分，發生芮氏規模七點三的地震，震央就在中部的車籠埔斷層。這是台灣史上最大的地震之一，造成兩千四百一十五人死亡，五萬棟房屋全倒。經歷過的台灣人永生難忘。

台灣本來就位於地震帶，平日三搖五晃，沒在怕。可是規模這麼大的地震，卻帶來很多教訓，讓我們重新思考對地震的認識以及防範。

九二一地震教育園區蓋在車籠埔斷層帶上，這裡原本是光復國中，地震那夜，校舍震塌，操場震出二點五公尺的落差，親眼所見，極震撼。心懷恐懼逛校園，想著：「幸好地震是發生在凌晨，萬一是在白日，校園裡都是學生，死傷難以想像。」

此土堆為車籠埔斷層，下方有相關的詳盡解說。

DATA

九二一地震教育園區
地址：台中市霧峰區新生路 192 巷
電話：04 2329 0906

這裡是台灣唯一一家製作音樂鈴機芯的觀光工廠。

人逃了，屋垮了，學校長廊外的大樹卻不受地震影響，照樣竄上天際，野草生氣蓬勃地蔓延，大自然如此強悍，人類渺小又脆弱。

台灣現代音樂鈴博物館

霧峰小旅行的終點，不妨去「台灣現代音樂鈴博物館」喘口氣。歷史好沈重，我們需要音樂。

在古早年代，每個人的家裡都有一個音樂盒。可能是轉了會下雪的玻璃球，雪人轉啊轉，《少女的祈禱》的樂聲也跟著流洩，那個年代，垃圾車還沒有用《少女的祈禱》喔！也可能是媽媽的首飾盒，一打開蓋子，就會有好好聽的音樂，原來是電影《真善美》的主題曲《Do Re Mi》。

創辦現代音樂鈴博物館的協櫻精密工業，是製造音樂盒機芯的知名品牌，日本小樽音樂盒博物館的機芯，就是協櫻製作。博物館裡不只收藏協櫻的音樂盒，更展示了七十二音階的精密音樂鈴和歐洲百年前的皇家音樂盒。

走進現代鈴音樂博物館，叮叮噹噹的樂音好熱鬧，心也跟著雀躍了。來這裡不只可以懷舊，博物館裡還有手作課程，還可以親手組合一台自己的音樂盒機芯。

博物館旁的「夢幻音樂盒的故鄉」，不是一般的禮品店，就敗家指數來說，幾乎要破表！因為裡面擺滿知音文創設計的小小木偶，每一個都小巧誘人，可以隨你喜愛，組裝一台貓咪森林音樂盒，或者做一個貓頭鷹筆架，可愛到心甘情願交出荷包。

台灣現代音樂鈴博物館
地址：台中市霧峰區豐正路 405 號
電話：04 2339 3978

日本建築師安藤忠雄於台灣的首座作品，主體由清水混凝土與帷幕牆構成。

—亞洲大學現代美術館—

「要在人生中追求『光』，首先要徹底凝視眼前叫作『影』的艱苦現實。為了要超越它，需鼓起勇氣向前邁進。」——安藤忠雄

亞洲大學現代美術館，是安藤忠雄在台灣的第一個作品。美術館內的展覽會輪替，建築卻是永恆的藝術。

美術館由無數個三角形建構而成，連鋼骨結構都是V字型，標示這裡是地震帶的獨特地理位置。建築素材則是簡單的玻璃加上清水混凝土。愈簡單，愈困難。

清水混凝土是結構素材，不會再塗抹油漆，結構即外觀，稍有不慎，牆面就會上色不均勻，滿牆麻花。為了創造出完美均勻的

清水混凝土主牆，所有的牆面必須同時拆模。打掉無數牆面後，主牆的半部終於達成安藤忠雄的要求，他安心飛回日本，再度來台灣時，他卻發現新一半主牆的顏色花了。

施工團隊緊張解釋：「拆模時遇到媽祖進香，部分工程車被進香團堵住，來不及一起拆。」他們本來已經做好打掉重來的心理準備，安藤忠雄卻決定把這面牆留下，因為這才是在地的印記，後來工作人員都戲稱這面牆是「媽祖牆」。

亞洲大學現代美術館也被稱為「光之三角」，光從玻璃帷幕灑下，每分每秒都在變化，光影飄移，讓建築物彷彿在呼吸。

對安藤忠雄來說，建築最重要的不是浮誇炫技，而是「吹過的風所攜帶的味道、響遍建築的人們的交談聲、在周邊漂浮的空氣對肌膚的觸感」。

去亞洲大學現代美術館走走吧，盼望你能遇上晴天，看光影流動，感受建築物在呼吸。

DATA

亞洲大學現代美術館

地址：台中市霧峰區柳豐正路 500 號

電話：04 2332 3456 # 6468

咖啡廳的賣場內出售了與建築、美術相關的書籍。

敘咖啡

來到安藤忠雄設計的美術館，別急著走，給光影一點時間。在這棟由清水模和玻璃帷幕組成的建築物裡，光影是主角。從清晨到黃昏，晴日或雨天，風景都不同。

逛完美術館，不妨去一樓的「敘咖啡」喝杯咖啡，讓自己慢下來，好好地感受這棟建築。敘咖啡位在建築物的角落，運氣好的話，可以坐到三角頂點的沙發區，頭頂是美術館著名的V字型樑架，四周則是大片玻璃，天花板上無數的三角形燈架，讓空間變得立體，彷彿坐在方舟最前端，隨時啟航。

敘咖啡的餐飲也很有看頭。最有名的就是「珍珠奶茶鍋煎鬆餅」，煎得鬆軟的鬆餅，配上糖漬珍珠，再淋上店家特製的奶油醬，滋味甜膩，口感絕妙，幾乎每一桌都來一份。既然點了鬆餅，就別喝珍奶了，來杯芒果微醺茶香氣泡飲，香甜微妙。

想吃鹹食也有喔。時間趕得巧，早上九點半到下午兩點間，有早午餐四款，法式火腿、煙燻鮭魚、厚切培根、義式雞肉。趕不上早午餐，還有義式雞胸肉沙拉、煙燻鮭魚沙拉，木盆裝的沙拉，吃美也吃飽。

珍珠奶茶鍋煎鬆餅 280 元、芒果微醺茶香氣泡飲 150 元

DATA

敘 MODERN •

地址：台中市霧峰區柳豐路 500 號亞洲大學現代美術館內

電話：04 2332 3456#6480

餐廳的後方區域，有一整片具穿透感的大片落地窗。

茉莫 La mommon

如果你以為漂亮又舒適的茉莫只是網美打卡店，那就對廚師太失禮了。茉莫的門面確實很美，但餐飲的講究不輸給空間規劃。

早午餐的「脆脆先生」，主食是起士肉醬麵包，配上彎彎脆薯、滑蛋，以及沙拉。麵包是店家自製，加了亞麻籽，脆脆的口感香又有趣，內餡的肉醬加了醃辣椒、洋蔥、起士，鹹香中帶點酸

用餐之後別忘了到庭園拍幾張氣氛滿分的網美照。

辣，上桌前麵包還會淋上些許蜂蜜，讓味道更豐富。

配菜也不馬虎，滑蛋軟嫩、薯條香酥是基本的，更厲害的是沾醬用法國芥末子調製，甜中帶酸；沙拉上頭的薄片，原以為是起士，沒想到是削薄的樹薯片，清甜爽脆，是意外的驚喜。

義大利麵也是絕品。蒜片辣椒透抽義大利麵，光是蒜片就費心的處理，

茉莫 La monmon
地址：台中市霧峰區民生路 156-11 號
電話：04 2330 1441

舒肥雞胸蛤蠣
奶油義大利麵
260 元

有點辣蒜片辣椒透抽
義大利麵 250 元

脆脆先生三明治
198 元

先用乾辣椒跟蒜片炒香，拌入義大利麵，最後撒上炸過像餅乾一樣的蒜片，兩種蒜頭各有滋味；透抽用炙烤的方式，外表烤得微焦，卻不過分，沒讓透抽縮水。

茉莫的餐點太厲害，原來，老闆是做法式料理出身，在精誠七街的「茉芮料理廚房」是本店，難怪空間美，廚藝更讓人驚艷。茉莫到霧峰小旅行時，絕對不容錯過的好餐廳。

CHAPTER

—12— 綠園道 我跟太太的祕密基地

我當立法委員時，很多人都以為我長住台北，其實我的生活重心在台中，每次開完會，就恨不得趕快回台中。台北急促又擁擠，回到台中我才能夠真正放鬆。

在台中眾多地標之中，我尤其想念綠園道，那是我第一次和太太約會牽手散步的地方，台中的悠閒自得是其他城市都比不上的。

綠園道，台中人得天獨厚的恩寵

綠園道是台中市給市民的恩寵。在繁華的市中心，由台灣大道開始，從科博館接著經過勤美誠品、市民廣場，一直接到大墩文化中心美術館。綠園道貫穿了台中重大地標，還有熱鬧的廣場，每到假日就人山人海，遛小孩、遛狗、遛自己。

綠園道是屬於台中人的。年輕孩子在這裡談戀愛，逛手作市集，過馬路時第一次鼓起勇氣牽對方的手，直到走完整條綠園道都不放開；推著嬰兒車的媽媽，買了喜歡的手搖飲，找片樹蔭乘涼，抬頭看見小情侶臉紅紅的走過，想起自己的青春，會心一笑；小男孩拉著爸爸往前跑，趕著去看廣場上有人在玩遙控車，真希望自己趕快長大，也能擁有一台遙控車；老夫老妻緩步慢行，看著街道上發生的各種故事，聊聊生活瑣事。

一條綠園道，展現了台中人的浪漫與悠閒。台中人有一種悠然自得的步伐，沒有台北的緊張，也不似台南緩慢，台中人是獨特的，很有創意，很在乎生活，各種商店不但店面大，跟悠然生活有關的商品與品牌，更不斷在這座城市被創造出來，再擴展到全台灣。

珍珠奶茶在台中誕生、古典玫瑰園是高級茶飲的代表、日出鳳梨酥與乳酪蛋糕發展出獨特的品牌象徵，還有各種甜點、餐飲名店，這些都不是生活必需品，卻可以讓人感到幸福。它們有的就在綠園道旁，有的藏在兩側巷弄裡，散步緩行，找到的每一間都是驚喜。

綠廊道，把台中人寵壞了

綠園道也是我跟我太太約會時的祕密基地，我開車載她一起從清水到美術館看展覽，看完常到旁邊的春水堂喝珍珠奶茶，回味一下青春的滋味，到綠園道兩旁許多很有特色的餐廳用餐，各種

由日本建築師伊東豊雄設計的臺中國家歌劇院，鄰近夏綠地公園。（shutterstock 提供）

異國料理如同我們戀愛的酸甜苦辣。我們甚至會分享彼此的戀愛往事，笑談年輕時的傻氣，曾經傷心卻已雲淡風輕的戀情。綠園道有一種很放鬆的氛圍，很多話不知不覺就說出來，笑一笑也就過去了，不會放在心上。

有了孩子後，我太太更喜歡去綠園道，在樹下散步，讓孩子在草地上奔跑放電，回家後就會乖乖睡覺。我們也愛去誠品，那是我們家的書房。

台灣沒有任何一座城市，能夠在市中心擁有一條數公里長的綠道，集合這麼多功能，照顧到所有人的需求。台中的底蘊也在這裡，我們可以把空間讓給大樹、讓給散步的人，因為我們喜歡散步走路，喜歡悠閒地喝杯咖啡，同時享有知性的美好。

台中人的悠閒浪漫，是被寵出來的，就像綠園道吧，我們隨處可放鬆，為何不悠閒？就像一座隨手可摘果子的樹林，會讓人懶惰，伸手就有果子吃，何苦去耕田？有一條隨時可以散步的綠園道，人也就鬆了。

這幾年很紅的台中歌劇院也有夏綠蒂公園，也是很舒服的區域，但它更像一座歐洲城市，精心打扮的人們在高級咖啡館喝咖啡，吃三層下午茶。夏綠蒂公園像歐洲貴婦，更精緻優雅；綠園道則像平凡夫婦手牽手，一人一杯手搖飲，自在逍遙。

夏綠蒂廣場是新造的，搭配兩旁高聳現代建築，有現代都會的時髦洗鍊。綠

大片綠地對任何一座城市而言都是奢侈的擁有，但台中市民和他們的寵物，卻能輕易坐享這份悠閒。

園道則是用四、五十年的時間，慢慢長出現的樣子。老店新店交錯，我們可以看到很久以前的店鋪模樣，想起很久以前的故事。

來台中旅行，不要忙著到名店打卡，請空出一個下午，來綠園道散步，逛逛巷弄裡的小店，喝杯台中盛產的手搖飲，到夏綠蒂欣賞伊東豊雄的歌劇院，和聆聽這個城市的旋律。走在夏綠蒂會感受到一種屬於這個城市的驕傲，好好地體驗我們台中人的日常。

沒有來這兩個地方散步，就不懂台中。這是台中人和喜歡台中的人最大的恩寵，你若匆忙來去，連這恩寵都沒有享受到，實在可惜。

我血液裡流著台中人的悠閒，所以我在台北無法好好生活，只想速戰速決把工作做完，回台中生活。

我們是被綠園道寵壞的台中人。

綠園道旅遊指南

「執人本事」精選工藝品、服飾、手作飾品及文具，為平凡生活創造璀璨火花。

綠光計畫范特喜文創聚落

我們用什麼來定義一座城市的「進步」？是高樓豪宅的房價，還是國際企業的進駐？台中人偏偏要用「幸福感」來定義一座城市。

一座城市的進步，是生活在其中的人是否幸福。

因為這麼浪漫的想法，台中市西區有了「范特喜計畫」。起初只是范特喜微創文化的創辦人鍾俊彥，改造了姊姊在美村路的老房子，命名為「范特喜一號店」，後來有了二號店、三號店、四號店，最後還生出了「綠光計畫」，改造十二棟自來水公司的舊宿舍。整片街區改造計畫的起點，竟然是：「因為在這裡散步很舒服，所以想讓更多人來散步。」真的很「台中」。

如今的「綠光計畫范特喜文創聚落」，範圍從勤美綠園道誠品旁的巷弄開始，延伸到中興一巷，這裡有服裝設計系學生開的實驗小店，也有老牌子「印花樂」；有「台虎精釀」的酒吧，也有自成一格的小咖啡館；有台中人開的小小藝廊，也有

重新規劃閒置的老舊建築，創造好逛又好拍的創意空間。

DATA

綠光計畫范特喜文創聚落
地址：台中市西區中興一巷 19 號
電話：04 2305 0519

香港人移居來此，開了二手古著店，門口還擺了古董手錶，任君挑選。

原本巷口最好的位置，讓給「新手書店」，許多作家指定要來這裡辦分享會，除了是想看看老闆宇庭，更重要的是分享會結束後，要到范特喜淘寶。如今新手書店移居到二樓天台上，老闆依然勤奮地搬書賣書，不放棄書。

說起二樓天台，那是綠光計畫中最美好的一部分，不只改造老屋，還把連著的天台也打開，鋪上綠色仿草地毯，擺上木桌木椅，創造城市中可以歇腳的角落。

這是我們遺忘已久的舊時生活啊，

綠光計劃寬敞明亮的二樓天台，有花有樹有活力。

巷口擺幾張矮桌矮凳，孩子們在街弄上跑跳嬉鬧，大人們泡一壺茶，翹腳閒聊。這樣的生活一點都不「進步」，卻很幸福。

很多時候，幸福就夠了，因為幸福最難，也最珍貴。

一審計新村一

審計新村也在勤美誠品旁的巷弄裡，從民生路三百六十八巷進去，就可以看到這片既復古又時髦的小店。

這裡原本是台中省政府宿舍群，重新整理好之後，讓文創商店進駐。這裡的人都暱稱這塊小小區域是「村子」，好久沒聽到這麼可愛的稱呼，我們多半都用「區域」來形容生活的所在，在台北，我們會說「大安區」、「信義區」；在高雄，我們會說「左營區」、「楠梓區」。或者我們用「街」「道」來定位自己，台北的永康街、台南的正興街。

我們已經離「村子」很遠了。但是在台中市中心，還保留了小巧可愛的村子，在裡面生活、做生意的人，是村民。多麼親膩。

審計新村也是台灣少數每天都有市集的聚落，「暮暮市集」形容自己：「從平

「三時茶坊」香濃、順口的杏仁茶，搭配隔壁「旅禾」的泡芙，絕配！

日到週末，從白晝到日暮」，每月定期招募攤商，每日固定擺攤。除了擺攤，他們還變出很多花樣，有「露天電影院」，也結合審計新村的「潮青旅」，讓攤主可以優先入住，口號是：「一樓擺攤，二樓睡翻。」爽得讓沒有擺攤的人都來詢問：「可以一樓逛翻，二樓睡翻嗎？」

除了市集，審計新村也有很多有名的店家。台中的插畫家在自己地盤先插旗，開了「愚室實驗所」，不只賣插畫跟文創小物，還賣起刨冰。

台北來的「小日子商號」，是雜誌《小日子》的分身，專門販賣文具、生活用品，還跨足賣甜點、咖啡，好好生活本來就應該是門好生意，我們都渴望把日子過得愜意。

「旅禾泡芙之家」原本是五權七街巷口的麵包店，不只麵包做得好，還不停研發新的甜點，最後以泡芙決勝負。旅禾泡芙的香味愈飄愈遠，光是在審計新村就開了兩家店。

台中人悠閒自得，擺個小攤就能做生意，剩餘的時間拿來散步、閒晃，讓台北人好羨慕。生活當如是。

審計新村裡，幾乎每一家店鋪都是遊客爭相打卡的文青風格打卡熱點。

甜月亮

審計新村裡有間冰淇淋店「甜月亮」，專賣義大利 Gelato。發源自翡冷翠的 Gelato，是義大利甜點的代表之一，直接被稱為義式冰淇淋。現在不只有 Gelato 節，甚至還有 Gelato 大學，專門教導如何製作 Gelato。

義式冰淇淋的成分在義大利有嚴格規範，脂肪含量只有百分之四到八，而美式冰淇淋則為百分之十到十四，空氣含量也只有一般冰淇淋的四分之一。它多使用新鮮水果製作，成本也相對高很多，也因為果香十足，一旦愛上了，便很難回頭。

愛上義式冰淇淋的蔡家育就是無法回頭的男人，他飛去義大利學習，還想加入

甜月亮 Dolce Luna Gelato
地址：台中市西區民生路 368 巷 4 弄 14 號
電話：0989 438 877

義大利的冰淇淋公會，無奈加入的條件是得在威尼斯開一間冰淇淋店，成本太高，只好作罷。

那就回台灣開吧！甜月亮第一間店位在南投日月潭，正對湖水，非常漂亮，可惜租約到期，不得不另覓他處。正巧當時審計新村剛整修好，正在招商，蔡家育成為審計新村的創始店家之一。

店內出售十餘種不同冰品，配合當季水果變化品項。

「審計新村」在當時根本沒有知名度，蔡家育雖然是台中人，也沒聽過。總之，地點有了，那就開門做生意吧！甜月亮在審計新村最外圍，正對著豪宅中庭，從店裡望去，一片高級綠意，蔡家育笑說：「剛來時，這裡根本是工地！」熬著熬著，工地變豪宅，甜月亮也闖出名號。

甜月亮販售十二種冰品，每天的品項不定，都是用最當季的水果製成。蔡家育點子很多，人家說黑色跟藍色的食物最難賣，他偏偏設計了黑色柳丁跟藍瘦香菇。黑色柳丁

DATA

肉蛋吐司
地址：台中市北區健行路 748 號
電話：04 2208 5888

是將柳丁加入竹炭，變成黑色；藍瘦香菇的基底則是萊姆酒釀葡萄乾，再加入蝶豆花染成藍色。沒想到因為太奇怪了，這兩款詢問度最高，藍瘦香菇甚至是店內銷售第三名的冰品。

到審計新村，別忘了來吃一球 Gelato，去不了義大利，至少要來球義大利冰淇淋！

肉蛋吐司

如果你以為台中人的早餐只有炒麵加東泉辣椒醬，那你就遜掉了！台中科博館旁健行路上的肉蛋吐司，被票選為「十大早餐英雄」，每天早上都大排長龍。

「肉蛋吐司」看起來真的很普通，不就吐司跟肉排嗎？這麼想就錯了！台中的肉蛋吐司真的不得了！吐司非常非常柔軟，一按下去就凹了；抹醬是美乃滋加黑胡椒，又鹹又香還帶甜味；肉排醃得剛剛好，而且很大一片，吃到最後一口都還有肉，蛋也煎得剛剛好，簡直完美！

肉蛋吐司已經營業四十幾年，下次到台中別急著吃炒麵，來份肉蛋吐司吧！

禾壤餐酒館

位在精誠路邊的禾壤，是邊角線條收得很漂亮的兩層樓奶白色建築，路過時還以為是有品味的人家，走近才知道，啊，原來就是大名鼎鼎的禾壤，主廚曾經在米其林一星的鹽之華工作，手藝精妙。精誠路是台中有名的老區域，名店林立，競爭激烈，禾壤不爭不吵，素白靜雅，卻日日客滿，可見魅力。

禾壤的建築設計團隊，則是有名的「本事設計」，許多角落都有巧思，

（從右到左順時鐘）四種起司披薩 360 元、黑松露小丑披薩 460 元、酥炸松露脆薯 230 元、小酒館辣雞翅 260 元

02

01

01　建築素淨的外觀，乍看之下就像是做品味極佳的獨棟民宅。
02　天花板的層次設計，如同倒置的梯田。

DATA

禾壤餐酒館 SOIL RESTAURANT
地址：台中市南屯區精誠路 472 號
電話：04 2471 0197

尤其是天花板，層層相連的線條，像梯田的延伸。「禾壤」之名，「禾」，取自農田在無邊的稻浪中起舞；「壤」則是料理的一切源自於土壤。禾壤，是對廚師自己的期許，盼望回歸到料理初心，不浮華地分享好吃的食物。

禾壤的沙拉、義大利麵、燉飯，都有一定水準，比薩更是許多人的心頭好。薄皮比薩外圍酥脆，內心卻柔軟，可以捲起來吃，豐富的餡料配上餅皮的香氣，讓人一吃就愛上。

招牌的四種起士比薩，也是蔡其昌的最愛。使用莫扎瑞拉、切達、煙燻，以及重口味的藍紋起士，拿起來還會牽絲，真想不顧形象直接用嘴巴去接比薩！如果覺得傳統的四種起士比薩不過癮，不如試試有創意的黑松露小丑比薩，挑戰廚師的功力，也挑戰自己的味覺。

除了主食，禾壤的咖啡與甜點，同樣講究。店裡使用的 iDrop 智能手沖咖啡機，沖煮模式與超過十名以上的世界冠軍咖啡師合作，用分毫不差的精準，沖出世界級的咖啡。

甜點「溺斃的冰淇淋」，可以選擇是用濃縮咖啡，或者橄欖油來淹死你的冰淇淋，濃縮咖啡可以想像，橄欖油配冰淇淋得等你自己嘗過才行；淋淋戚風則是把我們吃習慣的戚風蛋糕給解構了，不同的醬汁，淋在戚風蛋糕上，每一口都是驚喜。

哈里歐咖啡

在網紅店「此起彼落」的現在，許多店家追求的是「打卡漂亮」，連蛋糕、餐飲，也都不管口味，只在乎「拍起來好看」。這樣的店家，很難走得長久啊。

早期經營咖啡豆進口烘焙的哈里歐，也提供各式美味的歐式蔬食。

DATA
哈里歐咖啡蔬食
地址：台中市西區精誠二十二街 33 號
電話：04 2323 4609

哈里歐咖啡已經營業超過四十年，雖然沒有網紅打卡店那麼絢麗，卻有著安閒自在的氣度，臨路的大窗外，綠樹成蔭；店裡舒適的歐式座椅，讓人可以用最優雅的姿勢，好好地享受一頓法式蔬食料理。

哈里歐原是做咖啡起家，在那個厲害師父都用虹吸式煮咖啡的年代，哈里歐就已經是台中咖啡界的龍頭。開店二十三年後，哈里歐華麗轉身，不只賣咖啡，也賣法式蔬食料理。他們堅持蔬食除了要好吃，更要美麗，所以強調是「法式蔬食」：在典雅的空間，緩慢地吃著鮮美的食物，最後再吃一小塊甜點，品嘗一杯精品咖啡，這是哈里歐蔬食想要帶給人們的飲食體驗。

對浮誇的網紅名店感到疲勞了嗎？去哈里歐坐坐吧，就算不吃蔬食，喝杯咖啡也是好的。現世浮躁，還是有店家願意好好煮一杯咖啡，烤一份鮮甜蔬食，只為了讓你得到片刻療癒。

旅人之森　愛書人的荒漠泉源

「不要有那麼大的壓力，就會有創意了。」旅人之森的主人張喬茵講起台中人的創意時，忍不住這麼說。

台中人的生活創意是出名的。讀藝術行政，畢業後在台北工作數多年的張喬茵，為了想好好生活，決定搬回台中。

她將工作室打理得很舒服，讓想來台中體驗生活的人，都能住上幾日。工作室命名為「旅人之森」，除了因為先生的名字裡有個「森」字，更重要的是，在沙漠中有一種樹，叫做「旅人之木」，肥厚的根部藏著很多水分，可以讓在荒漠中迷途的旅人劈樹止渴。

台中巷弄裡的這間「旅人之森」，就是靈魂疲倦的旅人們的庇護所，不只收留

書本和森林，是「旅人之森」的兩大重要靈感。

旅人之森 生活旅行案內所
地址：台中市北區英士路 66 巷 20 號
電話：0937 757 697

在城市裡跌撞受傷的人，還用書本為他們的靈魂止渴。

這裡到處都是書，第一間臥室的主題是「一個人」，如果你是一個人旅行，就窩在這裡吧，睡醒了可以到專屬的小閣樓看書，安安靜靜地沈澱心事。

第二間臥室的主題是「繪本」，挑高的天花板，一片書牆展示繪本的封面，光是瀏覽就眼花撩亂了。好想躺在舒服的床上，一本接著一本。

第三間臥室在樓上，有書，也有DVD，看書看累了，就躺在床上看影片，平常靜不下心看的是枝裕和，可以用最舒緩的情緒看完。心滿滿的，閉上眼小睡，靈魂傷口會慢慢修復的。

廁所裡有書，都是小短篇，上一次讀一篇，自從有了智慧型手機後，你多久沒有在廁所裡看書？

樓梯轉角有書，有漫畫、有散文，隨手拿了坐在餐桌前讀書，又是另一個避世小宇宙。

可躺可臥或坐或站，無處不是閱讀的角落。

張喬茵也做陶，門口放著五顏六色的可愛小陶碗，想起她說的：「沒有壓力，創意自然就來了。」

如果拋不開現實生活的工作包袱，無法自由地移居台中，至少來旅人之森住幾天，過幾天台中生活，讓老屋改造的書之森林，撫慰你靈魂的疲倦。

FRajo 法爵雪酪烘焙坊

講到「吐司」，你想到什麼？是昂貴的生吐司？還是四四方方很無聊？如果你還認為吐司很無趣，那你可就低估台中人的創意了。

法爵告訴你，「手撕雞蛋吐司」才不無聊！吐司的綿軟，手撕為憑。一層層麵包相連不斷，那就是好吃吐司的證明。

法爵吐司好吃的祕訣，首推材料，用熊本皇冠高筋麵粉當基底，雞蛋是有機水洗蛋，水果口味的果乾，都是純天然的。想吃原味，可以選「手撕雞蛋吐司」；喜歡堅果，有酥中帶軟的「夏威夷豆吐司」；喜歡奶油香氣，必須嘗嘗香酥的「丹麥

除了好吃的吐司，這裡還有多種美味的雪酪冰淇淋等著你。

DATA

FRajo 法爵雪酪烘焙坊
地址：台中市中區興中街 17 號
電話：04 2222 1757

吐司」；至於超人氣的「桑椹吐司」，一撕開便聞到果香，撕一大塊放進嘴裡，慢慢咀嚼，啊，酸甜酸甜，這真的只是吐司嗎？

至於入選「百大伴手禮」的「黃金胚芽核桃鳳梨酥」，更是經典。加入胚芽的餅皮，不只健康，更有口感；內餡除了台灣土鳳梨，還加入核桃，讓人不禁讚嘆：「這個配方也太聰明，太誘人！」難怪會被選為「百大伴手禮」！

01 手撕雞蛋吐司 110 元

02 胚芽核桃鳳梨酥 5 入 340 元

美國前國務卿龐培歐訪台時，曾拜訪立法院，副院長蔡其昌知道龐培歐喜歡鳳梨，還特別買了法爵鳳梨酥當伴手禮。

一覺吐司

一間為吐司而生的店，老闆引進日本技術，嚴選來自日本的麵粉，品質高度控管，吐司一口咬下，吃得出這家店的堅持。他們家的吐司也鼓勵客人用撕扯的方式來吃，而不是用切的。老闆說傳統用切片，常常把吐司當配角，中間還夾一堆東西，他們的生吐司就是主角，因此撕了就直接吃。

★★★

其昌大推薦

經典原味生吐司：選用最佳的食材，製作過程及配方皆經日本師傅反覆實作。尺寸有小（約12×12cm）、大（約12×24cm）兩種，價格分別為一六〇和二六〇元。

抹茶拿鐵生吐司：使用來自日本靜岡的頂級抹茶粉，柔和茶香與奶香兩種滋味，尺寸為約12×18cm，售價二四〇元。

DATA

一覺吐司
地址：台中市南屯區大墩路673號
電話：04 2320 2666

熱浪島南洋蔬食

對不愛吃素的人來說，認識的素食不外乎清淡無味的水煮青菜，或者過油的炸素肉。「熱浪島」打破這些想像，用南洋風味來烹調素食，無肉不歡的人吃了也會驚訝大喊：「這種素食我可以！」

店裡招牌之一的叻沙麵，用薑黃、香茅、南薑與咖哩爆香後，加入濃濃的椰漿，微辣香濃的湯頭，實在誘人，這道菜也是蔡其昌強力推薦的最愛。

南洋砂鍋飯用特製黑醬拌泰國香米，上桌時還帶著微焦的鍋巴，香氣十足；肉骨茶的主要材料是杏鮑菇，用十餘種藥材燉煮，滋味甘醇，別忘了將旁邊的油條喔，吸飽湯汁的油條別有風味。

為了確保品質，熱浪島有一片自己的田地，香料、蔬食都自己耕種，不灑農藥跟生長劑，自己販售得心安，客人也吃得安心。

肉骨茶 329 元

DATA

熱浪島 台中旗艦店
地址：台中市向上路三段 536 號
電話：04-23801133

CHAPTER

—13—

茶文化 台中人的生活態度

台中的茶文化傲視全台。泡沫紅茶、珍珠奶茶，以及許多創新的手搖飲，都來自台中。台中到處都是手搖飲，舉例來說，站在東海夜市最熱鬧的街口放眼一望，短短一百公尺，就有九家茶飲店。

跟台中人聊起「喝茶」，他們的得意，簡直像台南人講起小吃，一口氣可以說出三五家不同茶飲的風格特色，紅茶該喝哪一家，珍珠奶茶哪一間老店的最好，某家新開幕的茶飲適合喝水果茶……。隔一段時間再去，他們還能更新店家，一定要讓你喝到最好喝的茶！

這種對茶的執著，其實就是台中人的生活態度，充滿創意與創新，把生活玩到極致，永遠熱情大膽。

春水堂

說起台中茶飲，春水堂自有歷史地位。一九八三年，創辦人劉漢介推出第一杯泡沫紅茶，將熱茶變為冷飲，春水堂就捲動了台灣的茶文化；一九八六年，四

春水堂的空間裡，有茶、有生活，還有文化。

珍珠奶茶（小）
冷飲 90 元，熱飲 105 元

翡翠檸檬茶（小）
100 元

DATA

春水堂 四維創始店
地址：台中市西區四維街 30 號
電話：04 2229 7991
＊商品售價為中區價格

維店的店長林秀慧意外地發明的「珍珠奶茶」，讓全世界透過茶飲，認識台灣。

春水堂、誠品、鼎泰豐，代表台灣飲食文化，嚴長壽曾如是說。春水堂在向前革新的同時，又向後尋找文化底蘊，才能讓他們走得遠、走得深。

春水堂的前身是四維路上的「陽羨茶行」，一家傳統茶行。每到夏天，生意就變得清淡，季節所致，無可奈何。直到劉漢介去日本大阪旅行，看到咖啡館老闆用雪克杯加冰塊，把熱咖啡搖成冰咖啡，他想：「也許台灣茶也可以做冷飲？」他買了一個雪克杯回台灣，依法炮製，做出台灣第一杯泡沫紅茶。

泡沫紅茶帶來生意，卻讓劉漢介的醫生父親生氣了，他認為冷飲對身體不好，而且茶就該喝熱的，弄成冷飲真是不像話，氣得整整三年都不跟他說話。直到父親也看見劉漢介的認真與成功，父子終於和好。

創新如果只追求新奇，就像矇著頭跑步，跑不遠還撞得滿頭包。劉漢介的「創新」，是回到歷史裡找新的可能。他研究中國的茶史，發現千年來早就有人在茶裡加鹽巴、蜂蜜、牛奶，單飲烏龍反而只有幾百年的歷史。

研發之後，要能夠將每一杯都維持相同水準，是另一個挑戰。如同鼎泰豐對小籠包的摺數有嚴格要求，才能讓每家分店的小籠包都一樣好吃，這才是最困難的。春水堂為了維持品質，員工必須通過「調茶師認證」，從茶葉學起，每一杯茶都要顧及色、香、味，通過考試才可以進入吧台工作。不只如此，每年有更高階的「小泡茶」競賽，小泡茶是一切的根本，店內頂尖的調茶師才敢參加，評審也是台灣知名的茶道老師，非常慎重。

劉漢介不只賣茶，還想透過茶，做「宋代的文藝復興」。與設計師討論桌椅時，他拿出古書，希望設計師能夠在現代社會裡，營造出悠遠的歷史感；每間春水堂都要插花，因為品茶、賞樂、插花、掛畫、焚香，本就是一起的。春水堂還有讀書會，不只讀企業經營，還讀《金剛經》，由劉漢介親自導讀。到了冬天，還有「玄英茶會」，帶員工們去戶外泡茶。

春水堂還曾經跟日星鑄字合作，用鉛字做了「茶經活版印刷藝術裝置」，這看起來與茶無關啊，但他們相信：「茶要好喝，要活水；鑄字要成，要活火。」茶飲不僅僅是一杯茶而已，它是藝術。

每間春水堂都會插花，因為品茶、賞樂、插花、掛畫、焚香原本就是一體。

春水堂第二代傳人劉彥伶。

春水堂所做的一切，看似與商業無關，卻是真正的根本，把心定住，才能無罣礙地堅持品質。就說珍珠奶茶吧，春水堂的珍珠用純天然的樹薯製作，很脆弱，要全程低溫運送；添加的蔗糖，得燒成焦糖，香氣才能飽滿；雪克杯要搖三十三下，愈長愈快愈好，奶茶的泡沫才會濃密。他們對每一杯茶飲的要求是：第一口好喝，放了三、四個小時，依然好喝。

「我們一杯珍珠奶茶中杯大約八十五元，大杯要價一百六十元，必須做到極致，才不會辜負這個價錢，對不起這個品牌。」春水堂第二代傳人劉彥伶說。

春水堂一直是「高價手搖飲」的代表，它們從來不打低價戰，展店也挑選如台中的國立台灣美術館、台北的國家戲劇院等。日本第一家春水堂是從代官山開始，後來更在銀座開店，打入日本最高級的商圈，是其他茶飲難以企及的成功。

有許多調茶師最終會離開春水堂闖天下，他們或許能創造出新的品牌、新的茶飲。但是春水堂，永遠是春水堂。

★★★

其昌大推薦

珍珠奶茶：到春水堂，當然要喝珍珠奶茶。它的珍珠奶茶豐厚濃郁，口感綿密，蔗糖香氣十足，用力吸一大口，心中充滿感動，這就是台灣珍珠奶茶的味道啊！

功夫麵：春水堂的鹹點也很精彩。功夫麵的肉燥炒得鹹香，拌上手工麵條，唏哩呼嚕吃了，恨不得再來一碗。

招牌滷味豆乾米血：不要小看這盤滷味，它的滋味已經不是茶藝館等級，而是餐廳等級。豆乾滷得非常夠味，米血柔軟，淋上祕製微辣的醬料，再撒上香菜，絕對是台灣第一名！

「吃茶三千」獨家研發的智能萃茶機 Lion。

吃茶三千

台中茶飲各有特色，從強調茶葉配方、鮮果入茶，到研發各種茶飲配料，愈玩愈過癮、愈專精，吃茶三千則是從萃茶技術做根本的翻轉。

茶飲是科學。一般茶飲店多用咖啡專用的 Express 萃取機來做茶，吃茶三千卻為了萃茶，研發茶葉專用的萃茶機，這台被暱稱為「Lion」的萃茶機，不只能調配出最常使用的六種基底茶，智能面板還能針對茶葉與飲品的特性，調配出最精確的茶湯。Lion，是吃茶三千的心臟。

茶飲也需要浪漫。吃茶三千的浪漫，全展現在總店裡。三層樓轉角的老透天，一、二樓讓紅磚裸露，營造出茶藝的樸質感；店鋪裡有濃濃茶香，原來是把茶葉黏貼成畫，高掛空中；裡外都有樹，為了讓屋子裡的樹竄高，還把天花板打通；大面玻璃把陽光引進來，伺茶師背對著光泡茶，一臉專注，喝茶的人把頭仰高，喝光最後一口茶，眼睛也瞇起來了，是陽光刺的，也

DATA

吃茶三千台灣概念店
地址：台中市南屯區大英街 607 號
電話：04 2328 5535

「吃茶三千」坐落在一棟擁有數十年歷史的老屋內，空間寬敞光線透亮，像是間精品選物店。

是茶香引的。

吃茶三千用科學的萃茶機，做茶湯革命；又用感性的建築，打破人們對「茶藝館」的想像。

吃茶三千的三樓展示了茶窯熟成室，裡面是嘗試數年才成功的烏龍茶磚；另一側是空中茶園，模擬高山環境，維持百分之七十五到八十的降雨量，如同高山上雲霧繚繞，讓人喝茶、看茶。

逛完茶園別急著走，可以預約「心願封茶」，許一個心願，跟吃茶三千約好了，六年後一起開倉品茶。

專業的品鑑區，帶你輕鬆走入台灣茶的世界。

心願封茶有四個步驟，先挑茶，由伺茶師協助品茗五款梨山的清心烏龍，從輕焙到重焙，分別是初曉、晨曦、朝日、暮霞、夜闌；再挑罐，選一個陶藝家手作的陶罐；寫心願，把想對自己或愛人說的話，都寫下來；最後封罐保存，讓歲月陳茶。

詩人鄭愁予也做了一罐心願封茶，封罐時他已經八十七歲，他用毛筆字寫下：「諸友共健。」慎重地蓋下印章。人生到了這個歲數，愛啊夢想啊都經歷了，波濤不驚，唯一希望所愛的人都能健在。

來吃茶三千，感官與心靈都受到衝擊與洗滌，連靈魂都被茶湯洗乾淨了。

★★★

其昌大推薦

國王珍珠奶茶：吃茶三千當然也有珍珠奶茶。每一顆都要熬煮九十分鐘，上架時間三個小時，超過就換掉，否則珍珠就不彈了。國王珍珠奶茶是大人的珍珠奶茶，鳳眉紅茶為基底的醇厚口感，喝得到茶香獨有的韻味，加上珍珠的甜蜜，有點像人生，好的那一種，微苦，多甜。

又見檸檬塔：檸檬入茶很常見，但是，加上奶蓋是什麼味道？這讓人有點疑惑。「又見檸檬塔」用玉露清茶為基底，加入現做的奶蓋慕斯、磨些檸檬皮就成了。奶蓋的濃郁香醇，配上檸檬清茶的微酸茶香，滋味微妙，好喝到永生難忘。

雙江茶行

跟「春水堂」、「吃茶三千」兩個大品牌比起來，雙江茶行在全台灣的知名度並不大，然而，它卻是許多台中人的回憶，提到「泡沫紅茶」，他們想起的是雙江茶行。

雙江茶行仍然守著學士路小小一方店，沒什麼耀眼設計，更不談茶飲理念，招牌上寫著：「茶好喝，茶點好吃……」直白樸素。店裡的桌椅是讓人懷念的藤椅方桌，想當年，學生們下課都會聚集在泡沫紅茶店，點杯飲料，講很多幹話，老闆都不趕人。

雙江的茶點跟飲料都很便宜，一份三五十元，就像當年一樣，幾個銅板混一下午，多花幾個銅板，來片厚片吐司，繼續跟狐群狗黨玩輸贏幾十元的撲克牌，浪擲光陰。沒關係，年輕人的時間不值錢，可以大把大把地浪費。

右 - 檸檬紅茶（小）40 元
上 - 泡沫紅茶（小）30 元
左 - 水果紅茶（大）70 元

雙江茶行
地址：台中市北區學士路 150 號
電話：04 2235 9070

★ ★ ★

其昌大推薦

檸檬紅茶：雙江茶行的泡沫紅茶自然不用多說，它的檸檬紅茶也是全台中有名的！用新鮮檸檬汁調和，酸酸甜甜，有很多擁戴者。

雜碎米粉：必須大推！自己炒的肉燥，不加一滴醬油，花兩個小時炒得又鹹又香，肉燥給得很大方，湯裡加了韭菜、芋頭，粗米粉吸飽湯汁，一碗一百有找！吃完後用手背抹嘴角的油，那才是真正的爽！

花生厚片：雙江茶行的花生厚片非常非常邪惡！厚厚的花生醬已經讓熱量爆表，他們還撒上砂糖，還故意烤得微焦！實在是太好吃，太邪惡了！

CHAPTER

14

洲際棒球場 那些棒球教我的事

我從小就愛棒球。棒球對我來說不只是一項運動、娛樂，更曾經是我生活不可或缺的娛樂，也教會我很多人生道理。

CHMER
RHINOSHIELD
PChome
24h購物
SKECHERS
SAMSUNG
Neo QLED 8K
PIZZA
ROCK
FIN
SUNMAI
WORLD
GYM
400

從小球員變大球迷

小學時，我最喜歡跟朋友一起打棒球。鄉下孩子，沒有手套、球棒，我們就用報紙折成手套，拿木棍當球棒，橘色小球當棒球，在家前面的廣場開打。當時車少，一二壘跨越馬路，跑來跑去也沒關係。

上國中終於有球具了，雖然學校沒有棒球隊，我們還是自己組隊，放學後很認真練習，找別的學校來比賽！沒有參加聯賽啦，我們又不是真正的棒球名校。但是打比賽還是必須的，這樣才刺激，我的守備位置是二壘，常常失誤。我也是在此時認清自己不是打棒球的料，打好玩可以，真正上場拚鬥，我差得遠了。

就算當不成棒球選手，我可以當球迷啊！只要愛上棒球，就會是一輩子的球迷。棒球太美好了，不管是團隊的奮戰、揮擊時的期待與失望，甚至奔跑時揚起的塵土、汗水滴在臉頰後流進嘴裡的鹹味，棒球場上每一個細節，都那麼美。

有了職棒後，我更是瘋了，只要有空就去舊的台中球場看球。那座球場比較小，球迷跟球員的距離很近。有一個胖胖的球員，打擊很不錯，可是跑得太慢，球迷就會大聲喊：「喂！你要減肥啊！都跑不快！」跑壘的球員氣嘟嘟，休息室的球員跟看台上的球迷樂得哈哈大笑。

看林易增盜壘也好過癮，全場會大喊：「盜盜盜！」投手知道他會盜壘，場上每一個人都知道，但是他還是成功盜壘了！全場的球迷不分你我，嗨翻了。

直到現在，我都還保留著職棒元年的票根，那是值得珍藏的美好回憶。

蜜月旅行，去紐約看阿民投球

我最早是三商虎的球迷。我喜歡有霸氣的球員，像是四大天王的涂鴻欽，他球速最快，尾勁又強，直球對決帥翻了！我們豐原出身的林仲秋也很強，他是台灣第一位本土全壘打王，而且職棒二年、三年，都是他！他也是台灣第一位完成百轟的打者，第一百支全壘打還是從郭源治手中轟出去的。

三商虎結束後，我就變成兄弟象的球迷。有一陣子因為「屬地主義」，也支持興農牛，只要在台中比賽，興農的楊天發董事長就會一個人坐在貴賓室看球，我會陪他聊幾句。楊董事長看棒球很投入，一球都不肯放過，很在意輸贏，只要選手打不好，他就打電話到休息室罵人。他也是個棒球痴啊。

我真的很喜歡棒球，一有空就往球場跑，很多球場的衝突事件，我也在現場。一直到娶妻生子，當立委之後，晚上常常要跑攤，才少去球場。不過現在當中華職棒的會長，倒是可以名正言順進場看球了。

我連蜜月旅行都是去紐約看棒球。蜜月應該去歐洲，可是住美國的朋友跟我說：「你們來紐約，搞不好會看到王建民先發喔！」為了阿民，當然選紐約！洋基球場的攝影師還特別拍我們，說我們是台灣來的球迷。主播當然不知道我是立法委員，但是，在球場上，「從台灣來的王建民的球迷」更值得驕傲！

在當上中華職棒聯盟會長前，我已經去過全世界很多球場了。我出國參訪有機會一定會安排去球場看比賽，東京巨蛋自然是常去，紐約洋基、華盛頓國民、西雅圖水手、底特律老虎、亞特蘭大勇士、洛杉磯道奇、波士頓紅襪、明尼蘇達雙城……，我都去過，曾經在現場看王建民、鈴木一朗，那種在棒球最高殿堂臨場目睹投打對決，是棒球迷一生追尋的目標。

全世界的職棒球場，最好玩的還是美國職棒，他們的球場文化成熟而豐富，比賽水準高、食物也非常好吃，球迷比象迷還瘋狂；特別在紅襪芬威球場，我耳邊總是不斷聽到球迷「問候」敵對球員的喊叫聲。

有一次我去美國出差，中午跟一位台灣移民的大老闆餐敘，他的兩個兒子也同桌用餐，不知怎地聊到棒球，老闆的孩子很斯文地說：「我們可以帶您去球場看球，這是我們的榮幸。」我當然不會放過。

我們約在球場入口，迎面而來的兩個人讓我嚇一跳，他們中午還穿著西裝，文質彬彬地說話，晚上卻換上整套加油裝備，而且他們買的是年票，是超級死忠的職業球迷。整場球賽，他們都非常投入，贏球就跳起來歡呼，輸球就瘋狂亂罵，跟瘋子一樣。比賽結束，又恢復正常。哈哈，我充分感受到他們對棒球的熱情。

棒球陪伴我在人生道路上前行，更帶給我無數啟發。

用生命，尊重每一顆球

隨著年紀增長，我的身分不斷改變，從玩棒球的孩子、球迷、立法委員，到現在變成中華職棒的會長，我的人生軌跡與棒球密不可分。

棒球帶給我很多啟發。球迷常說：「球是圓的，就算是九局下半兩好三壞，情勢都還是可能改變。」球場上沒有不可能的事。

球賽是如此，人生也是這樣。

因為看過太多棒球比賽，我也學會不要把話說得太滿，陰溝裡翻船的機會太多了。就像是二〇二〇年中華職棒的總冠軍賽，七戰四勝制，中信兄弟連贏三場，第四場回到洲際主場，我也進場看球，認為中信兄弟一定會封王，結果那場輸了。我不服氣，把隔天的行程也取消，非拋彩帶不可！沒想到還是輸球！我連續四場比賽都排除萬難進場，誰都沒想到原本只差一場勝利就能拿下總冠軍的兄弟，會連輸四場，在主場把總冠軍拱手讓人。誰能想到呢？比賽有太多翻轉的機會，人生也有太多的不可預期。我年輕時喜歡直球對決，喜歡霸氣外露的選手，我自己的個性也是一樣，總喜歡和對手直球對決，但隨著年紀增加，開始知道投保送是為了和下一個打者對決，投曲球是為了讓下一個直球更有威力。這幾年我一直在調整，說話要留餘地，表達情感也學會含蓄，畢竟啊，球是圓的，「相堵會到」，而且不到九局下半三人出局，誰都不會知道比賽結果。

球員的「態度」也深深影響我。球員最重要的就是「拚勁」，是絕對不放過每一顆球。其實無論是球員、政治工作者，甚至各行各業的每一個人，面對工作與人生，「態度」都很重要。年紀漸長，我更喜歡「有態度」的球員，他們尊重每一場比賽、每一顆球。

球星李居明不是激情的球員，他更像公務員，認認真真地把棒球當成一份「工作」，每一場比賽都很到位，不死鳥郭泓志、王建民的復健之路，都激勵人心。彭政閔跟陳金鋒也是一樣，他們用生命尊重每一顆球，這是他們的人生態度，就算離開球場，不再打棒球，都還是值得尊敬的人。

有時候我也會想，如果有一天，我離開政治職位，我是否也寫下了扣人心弦的一頁？

2022 年台灣未來之星開幕賽。

終須一戰時，你敢迎向前嗎？

另一層更深刻的學習是：對決。其實每個人的人生，都會有「終須一戰」的時刻，只是球員的對決更直接、強烈。當「終須一戰」的時刻降臨，你是勇敢對決？還是逃避？有些人一生都在怯戰逃跑，最終只能讓命運的洪流決定生死。

我們常講「球員的心理素質」，就是在關鍵時刻，你有沒有勇氣、實力，去完成這場戰役。「勇氣」是「我勿驚！」不會因為兩好三壞滿球數，就手軟腿軟，該怎麼投，就怎麼投；「實力」是能耐，所有的苦練都是為了這一球，你有沒有本事投到邊邊角角，讓對手打不到？膽量、實力，缺一不可。

棒球另一個迷人之處是「團隊」。我從小就喜歡「團隊作戰」，改變世界需要一群人，每個人有不同的作戰位置。所謂的「一群人」，不是只有一群政治人物，而是不同領域的人共同努力，才能改變世界。

棒球是一個講究高度團隊合作的運動。投手投得好，可以不失分，但是打擊打不出來，就不會得分；打者很強，可是投手一直放火，你得分，對手得更多，也是枉然。

棒球更要彼此信任，投手要相信野手的守備，放心大膽地投，就算被打到也不怕，隊友會幫你把球接住的；打擊要配合教練的戰術，不求自己出鋒頭，但求可以得分。信任，是團隊最重要的基礎。

2021 年 1 月 19 日我從吳志揚前會長的手上，接任中職會長，也接下台灣職業棒球發展的重責大任。

從職棒球迷，到職棒會長

如今的我，不再只是看台上吶喊的球迷，而是中華職棒的會長，我有一些力量，應該用更高的格局來看待職棒。

對我來說，當中華職棒的會長不是來占位置，職棒是職業運動，如何讓這項運動蓬勃發展是我的目標，要讓球團健全、讓球員安心、讓球迷滿意。我是第一個開直播，直接跟球迷面對面的會長，球迷不滿有表達管道，合理、做得到的，我們就來解決。

球迷不喜歡比賽用球上面有會長簽名，我們就拿掉；球迷抗議規章不公開，不透明，我就把規章上傳；裁判的判決有爭議，我們就用運動科技來訓練、考核裁判，並用輔助判決來解決爭議；球迷抱怨比賽時間太長，我們就想辦法讓比賽更緊湊。

完成球員的團體協約、退役球員就業平台，就是讓球員安心。

我盡己所能，讓台灣的棒球環境更好，利用立法委員的專業，修改運動產業發展條例，設計誘因鼓勵企業挹注資金，也增加了第六隊加盟的可能性。就職一年後中華職棒從原有的五隊，擴充成六隊，是兌現對球迷的承諾。我不喜歡輕易允諾，答應了就要做到。

我就職會長當天邀請法務部長、警政署長來觀禮，就是為了宣示職棒不容染黑染假。財政、經濟部長也來，就是希望稅制優惠、用國家經濟多支持棒球。我期待大家都來「蹭」棒球，只要能帶來資源、助力，我們都很歡迎。

棒球沒有顏色，棒球讓台灣發光發熱。棒球團結了我們的國家，當藍綠對峙嚴重的時候，我在東京巨蛋參加世界棒球經典賽，球迷區有人喊「中華隊」，齊一的聲音接著喊「加油」，接續有人喊「台灣隊」，一樣的「加油」聲不絕於耳。我有一種莫名的感動，原來台灣人要的是一種共同的尊嚴，一種對於自己國家榮耀的追尋。

我是中華職棒的會長，也是中華職棒的球迷。能夠親身為中華職棒做事，是身為球迷最大的光榮。

洲際棒球場旅遊指南

洲際棒球場是符合國際規格的棒球場，曾經舉辦過許多讓球迷情緒沸騰的國際比賽。只要遇到國際賽，中華職棒各球團放下門戶對立，啦啦隊輪番上陣，為中華隊加油，球迷更是場場爆滿，兩萬多人齊聲吶喊，連紅土都會為之震動！

平日的洲際棒球場，則是中信兄弟的主場。中信兄弟是球迷最多的球隊，有百萬象迷之稱，是出了名的瘋狂熱情，到了總冠軍賽季，球迷更是擠爆洲際棒球場，一票難求。

沒有體驗過棒球狂熱的人，一定要到中信兄弟的主場朝聖，體會什麼是正港的台灣棒球。

球場的吃喝玩樂

到球場就是要喝啤酒、吃垃圾食物啊！（大誤）

每座球場的餐飲部都有些許不同，唯一相同的是，肯定有啤酒。畢竟看球要唱應援曲，萬一開轟還會尖叫吶喊，真的很容易口渴。

犇象勝利堡（手作牛肉堡＋莎莎醬玉米脆片）200 元

洲際的餐飲從日式的爭鮮壽司、摩斯漢堡、黑輪美，到肯德基炸雞、Pizza Rock，還有手搖飲喫茶小鋪、雞蛋糕……。連有名的早午餐「瘦不了」都進駐洲際棒球場，漢堡的盒子還是兄弟吉祥物「小翔」，球迷們吃完還捨不得扔，當寶貝帶回家。

另外，球場的販賣部有各種應援物、球衣、T恤、應援毛巾，應有盡有。建議別等到五局中場才去買，排隊人龍太長，尺寸也可能不齊，進場時就可以趕快下手，早買早安心！

球場小旅行的溫馨小叮嚀

❶ 一定要事先買票，否則撞上熱門比賽，真是一票難求。

❷ 穿著以輕便舒適為主，千萬別穿西裝、洋裝，折騰自己。

❸ 用最開放的心，最大的熱情，為喜歡的球隊吶喊吧！我們被規矩綑綁太久了，在球場解放自己，才是看球的王道。

洲際棒球場周邊指南

來到北屯的洲際棒球場除了欣賞精湛的球技、享受熱血沸騰的時刻外，別忘了為自己張羅一頓美食！蔡其昌在此推薦幾間值得一吃的餐廳。

溫叨古早味料理

在大樓林立的北屯太原路，傳統三合院顯得突出。溫叨在二〇二〇年獲得米其林指南必比登推薦，不管有沒有獲獎，都無法改變老顧客對它的喜愛。沒有精緻的裝潢，只運用傳統建築護龍原有的隔間，充作室內包廂用餐區，其他就在戶外門前廣場的圓桌用餐，像極了鄉村在辦喜宴或神明誕辰的流水席，很有懷舊風。這樣的空間搭配台式料理，總覺得比其他餐廳味道更加豐富。門口桶仔雞用木材當燃料，火侯的控管成了一大學問，已決定了烤燒的口味。

在三合院中間搭起棚來，吃的不只是米其林推薦，還有濃濃的傳統風味。

★ ★ ★

其昌大推薦

柴燒桶仔雞：雞皮微焦，香氣飽滿，雞肉多汁，不乾柴，非常好吃。

小炒蓋飯：蛋炒飯粒粒分明，上面再蓋上客家小炒，視覺非常誘人，令人垂涎三尺入口香氣四溢，超搭！

溫叨古早味料理
地址：台中市北屯區太原 3 段 191 號
電話：04 2231 1699

小林雞肉飯

可以跟嘉義比拚的雞肉飯，味道香而不重，肉質軟嫩，雞肉和雞皮切成塊狀，樸實的外表，卻有華麗的口感，一不小心澱粉就過量了。這家店的虱目魚料理也是一絕，不容錯過。

雞肉飯（大）
55 元

其昌大推薦★★★

魚肚丸湯：除了雞肉飯，這個最特殊，是魚肉包魚丸的概念，油脂豐富的魚肚包在丸子裡，一口咬下，層次和口感都極為豐富。

三色蛋：由雞蛋、皮蛋、鴨蛋製作，很少見，值得一試。

魚肚湯、魚肚丸湯、三色蛋和美味的雞肉，都教人食指大動。

小林雞肉飯
地址：台中市北屯區北屯路 102 號
電話：04 2231 0053

鮮肉湯圓
70 元

欣欣商號

北屯湯圓老字號，糯米做成的外皮軟Q，蝦米拌炒肉末，加上濃濃胡椒香，做成的內餡，一口咬下很有滿足感，店裡也看得到東泉辣椒醬。哈哈，真是我們台中人的良伴。

甜的湯圓，口感較有嚼勁，紅豆或花生甜湯，則畫龍點睛般地和湯圓相得益彰。另外，夏天的豆花也值得一試。綿密的口感完全是古早味。

欣欣商號

地址：台中市北屯區昌平路一段 408 號

電話：04 2243 6690

店面不大，但憑藉口耳相傳的好品質深受顧客青睞。

DATA

Love&Imagine
愛想像法式甜點店
地址：台中市北屯區崇德六路一段19號
電話：04 2245 0142

Love&Imagine 愛想像法式甜點店

小小的精緻店面，主要還是透過網路銷售。法式西點老闆賴仕翰不但是小帥哥，而且還是當地的里長，他曾隻身前往日本東京洋菓子專門學校進修三年，一身好功夫，做出的法式甜點，美麗而浪漫，視覺味覺都一級棒。

檸檬塔
130元

黑糖核桃肉桂捲
95元

★★★ 其昌大推薦

除了前述的選擇外，北屯、大坑非吃不可的，還有以下這些好選擇，千萬別忘了收入口袋名單：

東山驛站甕缸雞

地址：台中市北屯區東山路一段四二〇之十二號

電話：0953 182 678

東山棧甕缸雞

地址：台中市北屯區東山路一段三八〇號

電話：04 2239 9009

東東芋圓

地址：台中市北屯區東山路二段四十八之三號

電話：04 2239 6349

弄瓦手工餅乾

地址：台中市北屯區橫坑巷十九之八號

電話：04 2239 1536

紅豆壹號
（紅豆、大豆、芋頭）
50 元

竹筍鹹蛋糕單片
6 入裝 210 元

社會人文 BGB524

日日台中款

蔡其昌的故鄉再發現

蔡其昌、瞿欣怡—著

總編輯—吳佩穎
責任編輯—郭昕詠
封面設計—初雨有限公司
內頁設計及排版—初雨有限公司
封面照片—iStock
照片攝影及提供—iStock、PIXTA、shutterstock、王竹君、利錦祥、吳長錕、海灣繪本館、張軒豪、楊士賢、蔡其昌（順序依姓氏筆畫排列）

出版者—遠見天下文化出版股份有限公司
創辦人—高希均、王力行
遠見・天下文化 事業群董事長—高希均
事業群發行人／CEO—王力行
天下文化社長—林天來
天下文化總經理—林芳燕
國際事務開發部兼版權中心總監—潘欣
法律顧問—理律法律事務所陳長文律師
著作權顧問—魏啟翔律師
地址—台北市 104 松江路 93 巷 1 號 2 樓

讀者服務專線— 02-2662-0012 ｜傳真— 02-2662-0007, 02-2662-0009
電子郵件信箱— cwpc@cwgv.com.tw
直接郵撥帳號— 1326703-6 號 遠見天下文化出版股份有限公司

製版廠—中原造像股份有限公司
印刷廠—中原造像股份有限公司
裝訂廠—中原造像股份有限公司
登記證—局版台業字第 2517 號
總經銷—大和書報圖書股份有限公司
電話／(02)8990-2588
出版日期— 2022 年 6 月 30 日第一版第 1 次印行
2022 年 9 月 20 日第一版第 6 次印行

定價— NT450 元
ISBN— 978-986-525-661-6
EISBN—9789865256647 (EPUB)、9789865256654 (PDF)
書號— BGB524
天下文化官網— bookzone.cwgv.com.tw
本書如有缺頁、破損、裝訂錯誤，請寄回本公司調換。
本書僅代表作者言論，不代表本社立場。

國家圖書館出版品預行編目資料

日日台中款：蔡其昌的故鄉再發現 / 蔡其昌，瞿欣怡著 . -- 第一版 . -- 臺北市：遠見天下文化出版股份有限公司 , 2022.06
面； 公分 . -- (社會人文 ; BGB524)
ISBN 978-986-525-661-6(平裝)

1.CST: 旅遊 2.CST: 臺中市

733.9/115.6　　111008594

*本書內所有商品價格標示均以 2022 年 6 月定價為準，僅供參考。

天下文化
BELIEVE IN READING